VOYAGES AU CANADA

Jacques Cartier

VOYAGES AU CANADA
SUIVIS DU
VOYAGE DE ROBERVAL

Texte intégral
Introduction de Marie Hélène Fraïssé

Collection «Mémoire des Amériques»
dirigée par Jean-François Nadeau

En couverture: canot amérindien

Publié avec le concours du Conseil des Arts du Canada,
du programme de crédit d'impôt pour l'édition du
gouvernement du Québec et de la SODEC

Dépôt légal: 3e trimestre 2000
Bibliothèque nationale du Québec
Bibliothèque nationale du Canada
Bibliothèque nationale de France

© LUX, 2002 pour la présente édition
© COMEAU & NADEAU, 2000
Tous les droits réservés pour tous pays
c.p. 129, succ. de Lorimier
Montréal, Québec
H2H 1V0
ISBN: 2-922494-20-9

«C'est alors que les baleines avalaient navires de soixante tonneaulx et plus... c'est alors que les narvals embrochaient les barques... c'est alors que les départs ne se préoccupaient pas de retours, car la vie valait le voyage s'il faut en croire les portulans et les mappemondes et les enluminures.»

Pierre Perrault

Introduction

Cartier fut décrété «Découvreur du Canada», moins par les gens de son époque que par un groupe d'historiens du XIXe siècle, relayant la ferveur naissante du nationalisme québécois, en quête de figures historiques dignes d'illustrer la présence française en Amérique du Nord.

En son temps, il fut un capitaine parmi tant d'autres, dépêchés vers les rivages de ces mondes nouveaux, dont l'Amérique ne représentait qu'une partie, mais dont toute l'Europe du Nord, après les fracassants succès portugais et espagnols aux «Indes», comptait tirer à son tour profit. D'où la remarque ironique, formulée en 1541 par François Ier, principal commanditaire de Cartier, qui demandait à «voir la clause du testament d'Adam pour apprendre comment il [avait] partagé le monde»...

Si le roi de France s'intéresse alors aux «terres neuves et autres îles de l'Atlantique Nord», ce n'est pas qu'il vise une quelconque expansion territoriale pour un royaume qu'il a déjà bien du mal à défendre, face aux appétits de son adversaire Charles Quint. Ces îles du Septentrion – ainsi les conçoit-il, et non comme la façade maritime d'un continent – représentent autant de terres semées sur la trajectoire (supposée) en direction de l'Asie par le nord. Cipango, le Cathay, les îles à épices, sont le but réel de l'entreprise. Là-bas poussent le poivrier, le cannelier, le muscadier, ces plantes parfumées dont la graine, l'écorce, le fruit, sont si prisés par les élites européennes qu'elles se négocient à prix d'or, au sens littéral du terme. L'entreprise tragique de Magellan autour du monde ne s'est elle pas soldée par un bilan économiquement positif en 1522, simplement parce que l'ultime navire rescapé était parvenu à remplir ses barriques de clous de girofle et de gingembre?

Les rares audacieux qui tentent l'aventure en Amérique du Nord espèrent ardemment que les îles «frigides» de l'Atlantique ne seront qu'une étape, qu'il sera aisé de naviguer outre. Plus la masse continentale américaine révèlera son importance, plus ils prieront le ciel d'en voir rapidement le bout: une illusion étonnamment durable, puisqu'elle habite encore les explorateurs des Grandes Plaines au milieu du XVIIIe siècle, persuadés qu'ils sont d'atteindre prochainement le Pacifique, une fois franchies les quelques «collines» qui ondulent à l'horizon. Ainsi aura-t-on «découvert» l'essentiel du continent nord-américain, à la faveur d'une autre quête. Flagrante leçon d'humilité.

L'histoire de Cartier est semblable à celle de Christophe Colomb ou de Magellan, partis trouver un passage vers l'Asie, et tombant sur autre chose. Notons d'ailleurs que ces trois là, comme tant de «grands explorateurs», ont plutôt mal fini, ne tirant que peu de gloire ou de fortune de leur audace. Cartier ne fut pas gravement inquiété pour sa désertion lors du troisième voyage, où il faussa compagnie à son supérieur Roberval (afin de porter plus vite ses pierres précieuses au roi de France), mais il termina sa carrière dans la condition d'un simple retraité de la marine à Saint Malo. Lorsque la peste l'emporta, en 1557, aucunes grandes funérailles ne s'ensuivirent.

Premier capitaine à reconnaître, décrire, cartographier le Saint-Laurent, dont il avait remonté le cours à deux reprises, jusqu'à l'actuelle Montréal, estimait-il lui-même avoir effectué une découverte majeure? Rien n'est moins sûr. Ce fleuve (qu'il se contente, pour sa part, de nommer «rivière de Canada» selon le terme utilisé par les autochtones) ne représente qu'un espoir de passage, et grande est sa déception lorsque sa navigation à contre-courant est stoppée, en amont de l'île de Montréal, par les tumultueux rapides de Lachine. Reste l'espoir de l'or et des pierres précieuses, entretenu par les informations des Indiens à propos d'un métal jaune dont seraient riches les régions de l'intérieur. Une rumeur non dénuée de fondements, ainsi que le constateront cent ans plus tard les premiers Français parvenus aux gisements de cuivre du lac Supérieur. Mais, là encore, Cartier devra déchanter, après avoir soumis sa «fabuleuse» cargaison aux fourneaux et creusets des chimistes du Roi. Ils n'y décèleront rien d'autre que de la pyrite de fer et du quartz, donnant ainsi naissance à l'une de ces expressions de dénigrement dont on accable, dès le début, la Nouvelle-France: «Faux comme diamants de Canada»…

Que restait-il à Jacques Cartier, qui n'avait trouvé ni or, ni passage, ni la Chine, ni même le prétendu royaume de Saguenay, décrit en de tels termes par les autochtones qu'on pouvait en attendre autant de richesse qu'à Mexico ou à Cuzco, conquises par les Espagnols en 1521 et 1533? Le mérite d'avoir poussé un peu plus loin à l'ouest que ne le faisaient, depuis des décennies, les «pescheries» de morue basques, bretons, ou portugais? Maigre contribution, là encore. Le lecteur ne manquera pas de relever les nombreuses rencontres avec des navires venus d'Europe, dont les récits des trois voyages – avec une grande honnêteté – font mention. Qui croira que Terre-Neuve, la côte Nord du Saint-Laurent, ou même la Gaspésie, étaient des terres inconnues en 1534, vu la quantité de voiliers qui y croise? Le comportement des Micmac et des Montagnais, rompus au troc avec les marins, prompts à disposer leurs fourrures sur des bâtons dès qu'une voile apparaît, et attendant à distance la présentation des «hachotz et cousteaulx, *patenostres** et aultre…», est éloquent sur ce point.

La contribution majeure de Jacques Cartier à l'histoire est, peut-être, d'ordre littéraire. Nombreux sont les toponymes qu'il a fixés sur les cartes, de Toutes Iles à l'île aux Coudres (couverte alors de coudriers – ou noisetiers – sauvages), et jusqu'à Montréal: «Au parmy d'icelles champaignes est scituee et assise la ville de Hochelaga pres et joignant une montaigne qui est alentour d'icelle labouree et fort fertile de dessus laquelle on veoit fort loing. Nous nommasmes icelle montaigne le mont Royal».

Aucun des journaux de bord de l'époque ne parvient aussi magistralement que les siens à dire la saveur de l'inconnu, de ces mondes nouveaux d'outre océans, si radicalement étranges pour un Européen du XVIe siècle. Que les récits des expéditions de 1534 et 1535-1536 ne soient pas à coup sûr de la main, ni même de la bouche du capitaine Cartier, mais peut-être d'un certain Jehan Poullet, écrivain de bord, n'enlève rien à leur charme.

Ces narrations documentaires, sans fioritures, livrent quasiment «en direct» le choc du nouveau. Elles nous «embarquent» littéralement, dans la vision rétrospective d'une planète encore à découvrir: ce «monde enfant» dont parlait Montaigne, contemporain de Cartier. Grand lecteur des chroniques de voyage de son époque, le philosophe des «Essais» avait personnellement éprouvé la troublante confrontation avec l'Autre, en assistant aux danses d'indiens tupinambas du Brésil, organisées à Rouen pour le plaisir de Sa Majesté.

Lire Cartier dans la langue originale, celle des manuscrits retrouvés en 1863 au British Museum par d'Avezac («Brief récit» du deuxième voyage), et en 1867 à la Bibliothèque Impériale par H. Michelant et A. Ramé («Le voiage de Jacques Cartier»), c'est prendre la pleine mesure de cette étrangeté, foisonnante d'inconnu, de menaces.

Cette lecture n'éveille sans doute pas les mêmes images, ne fait pas vibrer tout à fait les mêmes cordes de part et d'autre de l'Atlantique nord. Un Français y perçoit l'ailleurs, une promesse de départ, une contrée à mi-chemin de l'imaginaire et des géographies. Un Québécois tend à donner aux écrits de Cartier le «caractère sacré d'une sorte de genèse», selon les termes du romancier du terroir québécois Félix-Antoine Savard. Pierre Perrault, le documentariste et poète, n'a-t-il pas passé sa vie entière, entre

Charlevoix et le Labrador, à déchiffrer «le visage humain d'un fleuve sans estuaire», à tenter d'y «construire un pays pour la suite du monde», sans parvenir au bout de cet «immense voyagement» de paroles?

> *Un fleuve qui ne demande qu'à être rebroussé*
> *dans toutes les directions des quatre vents*
> *pour rejoindre l'autrefois de l'empremier...*

Qui est ce Jacques Cartier, natif de Saint Malo, fondateur sans le savoir d'un «pays sans bon sens», dont il ne prendra pas, lui non plus, la mesure? Qui est ce «découvreur malgré lui»? Un homme d'action plus que de plume, à l'évidence. Le genre de marin qui excelle, en ces temps où les instruments sont peu fiables, à tracer sa route «à l'estime». Son expérience est avérée, et il y a tout lieu de penser qu'il a participé à des expéditions de pêche aux Grands Bancs. Mention en est faite dans un document de 1532, présentant à François Ier ses états de service et jugeant fondées ses prétentions à «conduire des navires à la découverte de terres neuves dans le Nouveau Monde». Sans doute est-il allé préalablement au Brésil, puisque lui-même met en comparaison dans ses journaux de bord les mœurs et la langue des «sauvages» du nord et du sud, notant qu'ils cultivent le même «bled» ou «gros mil», céréale américaine qui passera dans notre langue sous son appellation antillaise (arawak) de «maïs».

Bien qu'il ne soit pas un novice de l'aventure maritime et de l'ailleurs, Cartier pose sur la nature du «Canada» (dont font en quelque sorte partie les «gens») un regard de son époque, fasciné par les «mirabilia» mais ramené terre à terre (ou «mer à mer») par un exceptionnel sens de l'observation et du détail révélateur. Aucun de ses contemporains ne l'égale sur ce point. L'«émotion de la découverte», la perplexité qu'elle suscite, les a priori qui la sous-tendent, le merveilleux qui la nimbe, se combinent chez lui avec un effort d'objectivité très novateur, qui annonce le siècle suivant. Non que le Malouin s'étende, ainsi que le font les pseudo-aventuriers de nos médias, sur ses états d'âme, sur ses souffrances ou ses bonheurs. Cette émotion se perçoit entre les lignes, «en creux», quasiment à l'insu du narrateur.

Cartier, comme tous ses contemporains voyageurs, s'attend à rencontrer des monstres, des animaux hybrides, des hommes à tête de chien, des griffons et autres créatures d'étonnement ou d'effroi. Colomb, l'un de ses aînés, n'était-il pas persuadé d'avoir rencontré des sirènes, après avoir observé un groupe de lamantins femelles aux Antilles? Le conquistador Orellana ne prétend-t-il pas, en 1541, avoir aperçu, sur l'immense fleuve qu'il vient de descendre, les femmes guerrières aux seins coupés que les Anciens nommaient Amazones? Cette disponibilité à l'insolite, qui remplit les cabinets de curiosités et autres «chambres des merveilles» de la Renaissance, nous restitue une vision du monde antérieure aux manies classificatoires des temps modernes. Elle laisse vivre l'imaginaire des formes, qui se nourrit de comparaisons et de rapprochements adventices. Lorsque Cartier décrit les bélugas «aussi blancs comme neige» et «faitz par le corps et teste à la façon d'un lévrier», il dit mieux la danse aquatique de ces gracieux marsouins blancs, bondissants à l'automne au large de Tadoussac, que ne le fait leur appellation scientifique de *Delphinapterus leucas*...

Marcher aujourd'hui parmi les «battures» du Saint-Laurent, naviguer au fil de cette vallée entre mer et eau douce, que remplit et déserte la marée, demeure un plaisir considérable, quoique non dénué de nostalgie. Sur le lac Saint-Pierre, le rameur suivant du regard l'un des innombrables rats musqués dont le museau et la tête allongée pointent dans l'eau, vérifiera que ces charmants rongeurs demeurent presque aussi prolifiques et «bons à merveille à menger» qu'au temps de Cartier. Mais où sont les fameuses «teurtres» dont les vols était si denses qu'ils obscurcissaient le ciel et dont le dernier représentant succomba dans un jardin zoologique de Cincinnati en 1914? Où sont les «apponatz», ces pingouins géants des mers froides, «desqueulx y a si grant nombre, que c'est une chosse increable qui ne le voyt... Et sont toujours en la mer, sans jamais povair voller en l'air pour ce qu'ilz ont petites æsles comme la moitié d'une main»? Il faut remonter à 1844 pour trouver l'ultime observation certaine de ce volatile. Où sont passées, entre Trois-Rivières et Montréal, les merveilleuses forêts de «chaisnes hourmes noyers pins seddres pruches frennes»? Où sont les savoureuses anguilles du Saint-Laurent, aujourd'hui inconsommables parce que polluées au plomb et au mercure? Lire Cartier, c'est aussi ressentir violemment la dégradation de ce «Nouveau Monde» mis en coupe réglée.

Quand il s'agit d'aborder les être humains qui vivent dans ces parages, Jacques Cartier, bien qu'il soit un Européen de la Renaissance, persuadé de la supériorité de sa religion, de son mode de vie, de ses valeurs, apparaît comme plus subtil que la plupart des chefs d'expédition de son temps, et même – il le manifeste à plusieurs reprises – accessible à une forme de compassion. Lorsqu'il observe, par exemple, la pauvreté, la frugalités des «gens effarables et sauvaiges» qu'il croise à la pointe de Gaspé: «Celle gent se peult nonmer sauvaiger car c'est la plus pouvre gence qu'il puisse estre au monde» Et de citer les seuls objets que ces êtres semblent posséder (quelques barques, quelques filets de pêche), avant de décrire leur quasi nudité, hormis «une petite peau de quoy ilz couvrent leur nature et aulcunes vielles peaulx de bestes qu'ilz gectent sur eulx en escharpes…».

N'idéalisons pas notre homme. Cette nuance de pitié ne l'empêchera pas de forcer la main du chef Donnacona, en embarquant deux de ses fils. Sans doute Cartier a-t-il compris que ces autochtones, venu de l'ouest sur des canots d'écorce pour pêcher le maquereau, détiennent des informations capitales sur les régions encore inexplorées, en cette fin d'été 1534. Il a vu juste. Les deux captifs, emmenés à Saint Malo, y apprendront des rudiments de Français et, devenus «truchements», guideront tout droit Cartier vers l'estuaire du Saint-Laurent, au printemps suivant.

Le coup de maître de Cartier-l'explorateur-du-Canada est ce deuxième voyage de 1535-1536. À son palmarès: le premier hivernage officiel d'un équipage européen dans ces froides latitudes, l'exploration du Saint-Laurent jusqu'à l'île de Montréal, et la visite d'Hochelaga, métropole des bords du fleuve.

Sa chronique de la mémorable journée du 3 octobre 1535, son ascension du «Mont Royal», sa description minutieuse des «longues maisons», de la ville fortifiée, accompagnée de croquis, fournissent aujourd'hui encore une somme capitale d'informations sur ce groupe iroquoien d'Hochelaga, qui devait mystérieusement se volatiliser dans l'inconnu de l'Amérique, quelques années plus tard.

Cartier, en ce jour fameux qui le voit arpenter le site de la future métropole québécoise, remplit son rôle de «découvreur» avec un indéniable talent. Lorque les Hochelaguiens lui présentent leurs malades «aveugles bourgnes boisteulx impotens» afin qu'il les guérisse – ce qui, dans l'Occident chrétien demeurait le privilège des rois et des saints – le Malouin s'exécute avec une parfaite maîtrise. Dans la foulée, il procède à la lecture de l'*In Principio* de l'évangile selon Saint Jean... Le récit ne précise pas si ces gens «merveilleusement bien entendibles» qui reproduisent les gestes et les mots de l'étranger, expriment alors autre chose qu'un bon vouloir mimétique. Cartier choisit d'y voir, comme Colomb en son temps, les prémices d'une conversion facile, qui devrait disposer favorablement le Roi à commanditer de nouvelles aventures outre-mer.

Pris par le charme de ces récits, n'oublions pas qu'ils sont destinés au Pouvoir. Une part non négligeable d'autocensure les musèle. L'échec, quand échec il y a, prend soin de s'octroyer des circonstances atténuantes.

De son vivant, Jacques Cartier ne sera, hélas, qu'un «conquérant de l'inutile». Après l'expédition de 1540-1542, aucune entreprise officielle de quelque envergure ne sera menée sur le Saint-Laurent. Il faudra attendre les premières expéditions de Champlain, et la fondation par lui de Québec, en 1608. Dans ce «trou noir» de quelque soixante années, la fréquentation des eaux du golfe et de l'estuaire n'en aura pas moins continué, à bas bruit. C'est ce que révèle la lettre (datée de 1587) du neveu de Cartier, Jacques Noël, où il déclare avoir fait lui aussi, dans le sillage de son oncle, le voyage du Canada puis y avoir envoyé ses fils. Jacques Noël connaît déjà, au moment où il s'exprime, l'existence des Grands Lacs, en amont du fleuve. L'œuvre de Cartier, à l'évidence, n'est pas passée inaperçue de tous, et elle a même été complétée.

Tandis que les rois de France, empêtrés dans les guerres de religion, se détournaient de l'horizon atlantique, les pêcheurs et les premiers négociants en fourrures, discrètement, jetaient les bases économiques et diplomatiques de la future Amérique française.

MARIE HÉLÈNE FRAÏSSÉ

À propos de la présente édition

Le texte de la première relation de Jacques Cartier est établi principalement à partir du manuscrit découvert en 1865 par H. Michelant et A. Ramé à la Bibliothèque Impériale. Celui de la seconde s'appuie sur les manuscrits conservés à la Bibliothèque nationale de Paris. Enfin, la troisième relation consiste en une traduction du texte anglais de Richard Hakluyt. Les deux lettres de Jacques Noël et le voyage de Roberval, indispensables à la compréhension des relations de Cartier, sont aussi traduits des textes anglais donnés par Hakluyt.

Les mots suivis d'un astérique renvoient au glossaire, placé à la toute fin de l'ouvrage. Toutes les traductions sont dûes au travail de David Ledoyen, de même que la chronologie et le glossaire.

Voyages au Canada

Première relation
(1534)

Chapitre I

Apres que missire Charles de Mouy chevallier seigneur de la Milleraye et visamiral de France eut prins les sermens et faict jurez les cappitaine maistres et conpaignons desditz navires de bien et loyaulment soy porter au service du Roy soubz la charge dudit Cartier partimes du havre et port de Sainct Malo avecques lesdits deux navire du port d'environ soixante tonneaulx chaincun esquippez les deux de soixante ung homme le vigntiesme jour d'apvril oudit an mil cinq cens trante quatre. Et avecques bon temps navigans et vinmes à Terre Neuffve le dixiesme jour de may et aterrames à Cap de Bonne Viste estant en quarente huyt degrez et demy de latitude et en [...] degrez de longitude. Et pour le grant nombre de glasses qui estoint le long d'icelle terre nous convint entrer en ung havre nonmé Saincte Katherine estant au susurouaist d'iceluy cap environ cinq lieues où fumes l'espace [de] dix jours attendant nostre temps et acoustrant noz barques.

Chapitre II

Et le XXIe jour dudit moys de may partismes dudit hable* avecques ung vent de ouaist et fumes portez au nort ung quart de nordeist de Cap de Bonne Viste jucques à l'Isle des Ouaiseaulx laquelle isle estoit toute avironnee et circuitte* d'un bancq de glasses rompues et departies par pieces. Nonobstant ledit banc noz deux barques furent à ladite isle pour avoir des ouaiseaulx desqueulx y a si grant numbre que c'est une chosse increable qui ne le voyt. Car nonobstant que ladite isle contienne environ une lieue de circunferance en soit si tres plaine [qu'il] semble que on les ayt arimez. Il y en a cent fois plus à l'environ d'icelle et en l'oir que dedans l'isle dont partie d'iceulx ouaiseaulx sont grans comme ouays noirs et blancs et ont le bec comme ung corbin* et sont tousjours en la mer, sans jamais povair voller en l'air pour ce qu'ilz ont petites æsles comme la moitié d'une main: de quoy ilz vollent aussi fort dedans la mer comme les aultres ouaiseaulx font en l'air. Et sont iceulx ouaiseaux si gras que c'est une chosse merveilleus. Nous nonmons iceulx ouaiseaulx apponatz* desqueulz noz deux barques en chargerent en moins de demye heure comme de pierres dont chaincun de noz navires en sallerent quatre ou cinq pippes* sans ce que nous en peumes mangier de froys.

Chapitre III

Davantaige* y a une aultre sorte d'ouaiseaulx qui vont en l'air et en la mer qui sont plus petiz que l'on nomme godez* qui se ariment et meptent à ladite isle soubz les plus grans. Il y en avoit d'aultre plus grans qui sont blans qui se mettent à part des aultres en une partie de l'isle, qui sont fort mauvais à assallir car ilz mordent comme chiens et sont nommez margaulx*. Et neantmoins que ladite isle soyt à quatorse lieues de terre les ours y passent à no* de la grant terre pour mangier desdits ouaiseaulx. Desqueulz nos gens en [trouverent] ung grant comme une vache aussi blanc comme ung signe qui saulta en la mer davent eulx. Et le landemain qui est le jour de la Penthecouste en faisant nostre routte vers terre trouvames ledit ours environ le my chemin qui alloit à terre aussi fort que nous faisions à la voille. Et nous l'ayant aperceu luy baillames la chasse o* noz barques et le prinmes à force la chair duquel estoit aussi bonne à mangier comme d'une genise de deux ans.

Le mercredi XXVIIe dudit moys nous arivames à l'entree de la baye des Chasteaulx et pour la contrarieté du tenps et du grant nombre de glaces que trouvasmes nous convint entrer dedans ung hable* estant aux environs d'icelle entree nommé le Karpont où nous fumes sans en povair sortir jucques au neuffiesme jour de juign que en partismes pour passer o* l'aide de Dieu oultre; ledit Karpont est en cinquante et ung degrez et demy de latitude.

Chapitre IV
Description de la terre dempuis Cap Rouge jucques au hable* de Brest estant en la baye

La terre dempuis Cap Rouge jusques au Degrat qui est la pointe de l'entree de la baye gist de cap en cap nort nordeist et susurouaist et est toute ceste partie de terre à isles adjaczantes et pres les unes des aultres qu'il n'y a que petites ripvieres par où bateaux pevent aller et passer par my*. Et à celle cause y a plusseurs bons hables* dont ledit hable* du [Karpont] et celuy du Degrat sont en l'une d'icelles isles, icelle qui est la plus haulte de toutes du dessurs de laquelle l'on voyt clairement les deux Belles Isles qui sont pres Cap Rouge où l'on compte vigntcinq lieues audit hable* de Karpont. Y a deux entrees l'une vers l'eist et l'aultre vers le su de l'isle mais il se fault donner garde de la bande et pointe de l'eist car se sont bastures et pays somme* et fault renger l'isle de l'ouaist à la longueur de demy cable ou plus pres qu'il veult et puis s'en aller surs le su vers le Karpont. Et se fault donner garde de trois basses qui sont soubz l'eau au chenal devers l'isle de l'est. Il y a de fontz par le chenal troys ou quatre brasses et beau fons. L'autre entree gist est nordest et su vers l'ouaist à saultez à terre.

Chapitre V

Partant de la pointe du Degrat et entrant en ladite baye faisant l'ouaist ung quart du norouaist l'on double deux isles qui demeurent de babort dont l'une est à trois lieues de ladite pointe et l'autre environ sept lieues de la premiere qui est platte et basse terre apparoissante estre de la grant terre. Je nomme icelle isle Saincte Katherine au nordest de laquelle y a hesiers* et mauvais fons environ ung quart de lieue parquoy luy fault donner run*. Ladite isle et le hable* des Chasteaux gissent nort nordest et susurouaist et y a en treulx quinze lieues. Et dudit hable* des Chasteaulx au hable* des Buttes qui est la terre du nort de ladite baye gisante est nordest et ouaist surouaist y a entreulx doze lieues et demye. Et à deux lieues dudit hable* des Buttes est le hable* de la

Balaine le travers duquel hable* sçavoir à tierce partie de la traversee de ladite baye y a trante huyt brasses et font de tayguay*. Dudit hable* de la Ballaine jucques à Blanc Sablon y a vingt-cinq lieues audit ouaist surouaist et se fault donner garde d'une basse qui est sur l'eau comme ung bateau au suest dudit Blanc Sablon trois lieues hors.

Chapitre VI

Blanc Sablon est une conche* où il n'y a point d'abry du su ny du suest. Et y a au susurouaist d'icelle conche* deux isles dont l'une a nom l'isle de Bouays et l'autre l'isle des Ouaiseaulx où il y a grant nombre de godez* et de richars* qui ont le bec et les piedz rouges et hairent* dedans des pertuis soubz terre comme connins*. Ayant doublé ung cap de terre qui est à une lieue de Blanc Sablon y a ung hable* et passaige nommé les Islettes qui est milleurs que Blanc Sablon et là se faict grant pescherie. Dudit lieu des Islettes jucques à ung hable* nommé Brest audit art de vent y a dix lieues. Celuy hable* est en cinquante et ung degrez cinquante cinq mynuttes de latitude et en [...] de longitude. Dempuis les Islettes jucques audit lieu y a isles et est ledit Brestz en isles. Et davantaige* rangeant la coste à plus de troys lieues hors sont toutes isles à plus de doze lieues loingn dudit Brest quelles isles sont basses et voyt on les haultes terres par dessurs.

Chapitre VII

Le dixiesme jour dudit moys de juign entrames dedans ledit hable* de Brest o* nos navires pour avoir des eaux et du boays et nous parez et passez oultre ladite baye. Et le jour saint Barnabé apres la messe ouye nous allames o* nos barques oultre ledit hable* vers l'ouaist descouvrir et veoirs quelz hables* il y avoit. Nous passames par my* les isles qui sont en si grant nombre qu'il n'est possible les sçavoir nombrez qui contiennent environ dix lieues oultre ledit hable*. Nous couchames en l'une d'icelles isles pour la nuyt passez et y trouvames en grant quantité d'œufs de cannes et aultres ouaiseaulx qui hairent* es isles. Lesdites isles furent nommees Toutes Isles.

Chapitre VIII

Le landemain dozeiesme nous [passâmes] oultre lesdites isles et à la fin du fort d'icelles nous trouvames ung bon hable* qui fut nonmé Sainct Anthoine. Et oultre environ une lieue ou deux nous trouvames une petite ripviere fort parfonde qui a la terre au surrouaist et est entre deux haultes terres. C'est ung bon hable* et fut planté une croix audit hable* et nommé Sainct Servan. Au surouaist dudit hable* et ripviere environ une lieue y a ung islot ront comme ung four avironné de plusseurs aultres plus petiz islotz qui donne congnoissance desdits hables*. Plus oultre à dix lieues y a une aultre bonne ripviere plus grande où il y a pluseurs saulmons. Nous la nonmasmes la ripviere Sainct Jacques. Estans à icelle nous aperseumes ung grant navire qui estoit de La Rochelle qui avoit passé la nuyt le hable* de Brest où il pensoit aller faire sa pescherie et ne sçavoint où ilz estoint. Nous allames à bort avecques noz barques et le mysmes dedans ung aultre hable* à une lieue plus à ouaist que ladite ripviere Sainct Jacques lequel je pencze l'un des bons hables* du monde. Et iceluy fut nommé le hable* Jacques Cartier. Si la terre estoit aussi bonne qu'il y a bons hables* se seroit ung bien mais elle ne se doibt nonmer Terre Neuffve mais pierres et rochiers effarables* et mal rabottez car en toute ladite coste du nort je n'y vy une charetée de terre et si* descendy en plusseurs lieux. Fors à Blanc Sablon il n'y a que de la mousse et de petiz bouays avortez. Fin j'estime mieulx que aultrement que c'est la terre que Dieu donna à Cayn. Il y a des gens à ladite terre qui sont assez de belle corpulance mais ilz sont gens effarables* et sauvaiges. Ilz ont leurs cheveulx liez sur liez leurs testes en faczon d'une pongnye de fain teurczé* et ung clou passé par my* ou aultre chosse et y lient aulcunes plumes de ouaiseaulx. Ilz se voistent de peaulx de bestes tant hommes que femmes mais les femmes sont plus closes et serrees en leursdites peaux et sçaintes par le corps. Ilz se paingnent de certaines couleurs tannees. Ilz ont des barques en quoy ilz vont par la mer qui sont faictes d'escorche de bouays de boul* o* quoy ilz peschent force loups marins. Dempuis les avoir veuz j'ay seu que là n'est pas leur demeurance et qu'ilz viennent des terres plus chauldes pour prandre desditz loups marins et aultres choses pour leur vie.

Chapitre IX

Le XIIIe jour nous retournames o* nosdites barques à bort pour faire voille pour ce que le temps estoit bon. Et le dymenche XIIIIe fysmes chanter la messe.

Et le lundy XVme appareillames dudit Brest et fysmes la routte sur le su pour avoir la congnoissance de la terre que nous y voyons aparaisante à deux isles mais quant nous fumes au mytan de la baye ou environ nous congneumes que s'estoit terre ferme dont y avoit gros cap double l'un par dessurs l'autre et pour ce le nonmames Cap Double. Au parmy* de la baye sonbzdames à cent brasses et fontz curé. Il y a de traversee de Brest audit Cap Double environ vigntz lieues et à cinq ou six lieues sonldames à quarente brasses. Nous trouvames ladite terre estre gisante au nordest et surrouaist ungn quart du nort et du su.

Le landemain XVIme dudit moys nous sillames* le long de la coste au surouaist ung quart du su environ trante cinq lieues dempuis Cap Double où trouvames des terres à montaignes moult haultes et effarables* entre lesquelles y a une apparoissante estre comme une granche et pour ce nonmames ce lieu les monts de Granches. Icelles haultes terres et montaignes sont hachees et creuses. Et y a entre elles et la mer des basses terres. Ladite journee auparavant n'avions eu congnoissance d'aultre terre pour les bruimes et obscurté du temps [qu'il] faisoit. Et au soir nous aparut une faulte de terre comme une entree de ripviere entre lesdits mons des Granches et ung cap qui nous demouroit au susurouaist environ trois lieues de nous. Celuy cap est par le hault de luy tout rongné et par le bas vers la mer est apoincté*. Et pour ce le nonmames Cap Pointu; au nort de luy à une lieue y a une isle platte.

Et pour ce que voullymes avoir congnoissance d'icelle entree pour veoirs s'il y avoit aulcune bonne posee* et havre mysmes la voille bas pour la nuyt passez.

Le landemain XVIIe dudit moys nous eumes tourmente de vent de nordeist et mysmes au pepefil* à courrir et à la cappe et fysmes de chemin vallant le surouaist trante sept lieuesl jucques au jeudy matin que nous estions le travers d'une baye plaine de isles rondes comme coulonbiers et pour ce leur donnames à nom les Coulonbiers, et la baye Sainct Jullian, de laquelle jucques à ung cap qui demeure au su ung quart du surouaist qui fut nommé Cap Royal, y a sept lieues. Et à ouaist surouaist dudit cap y a ung aultre cap qui est bien rongné par le bas de luy et rond par le hault au nort duquel environ demye lieue y a une isle basse. Celuy cap fut nommé Cap de Latte. Entre cestz deux caps y a terres basses par dessurs lesquelles y en a de moult haultes en semblance de y avoir ripvieres. A deux lieux de Cap Royal y a vignt brasses de parfont et la plus grande pescherie de grosses molues qui soit possible desquelles mollues en prynmes en actendant nostre conpaignon plus d'un cent en moins d'un heure.

Chapitre X

Le landemain XVIIIe jour dudit moys le vent nous fut contraire et grand vent et retournames vers Cap Royal cuider tronver hable*. Avecques nos barques fumes descouvrir entre ledit Cap Royal et Cap de Latte et trouvames que parsurs les basses terres y a une grande baye fort parfonde et isles dedans laquelle est close devers le su desdites basses terres qui font ung costé de l'antree et Cap Royal l'autre. Lesdites basses terres s'avancent en la mer plus de demye lieue de pays plat et mauvais fons et au parmy* de l'entree y a une isle. Ladite baye est en quarente huyt degrez et demy de latitude et en [...] degrez de longitude. Celuy jour ne trouvames hable* pour poser et tynmes pour la nuyt à la mer le cap à ouaist.

Chapitre XI

Dempuis ledit jour jucques au XXIIIIe jour dudit moys qui est le our sainct Jehan eumes tormente et vent contraire et serraison* tellement que ne peumes avoir congnoissance de terre jucques audit jour sainct Jehan que nous eumes congnoissance d'un cap de terre qui nous demouroit au suest qui à nostre esme nous demouroit au surouaist de Cap Royal environ trante cinq lieues. Et celuy jour fist bruismes et mauvais temps et ne peumes approcher de ladite terre et pour ce que s'estoit le jour monseigneur sainct Jehan le nommames le cap Sainct Jehan.

Chapitre XII

Le landemain XXVe jour fist mauvais temps obscur et venteux et fymes courrir à ouaist nourouaist partie du jour et le soir nous mysmes en travers jucques au segond quart que apparoillames et lors par nostre esme estions au norouaist ung quart d'ouaist dudit cap Sainct Jehan dix sept lieues et demye. Et lors que appareillames le vent estoit norouaist et fymes courrir au surouaist quinze lieues et vynmes trouver trois isles dont y en avoit deux petittes et acorez* comme murailles tellement que possible n'est de monter dessurs entre lesquelles y a ung petit forillon*. Icelles isles [étaient] aussi plaines de ouaiseaux que ung pré de herbe qui heirent* au dedans d'icelles isles dont la plus grande estoit plaine de margaulx* qui sont blancs et plus grans que ouays. Et en l'autre y en avoit paroillement [quantité en une partie] d'elle et en l'autre plaine de godez*; et au bas y avoit paroillement desditz godoz* et des grans apponatz* qui sont paroilz de ceulx de l'isle dont est cy davant faict mencion. Nous descendismes au bas de la plus petite et tuames de godez* et de apponatz* plus de mille et en prinmes en noz barques ce que nous en voullinmes. L'on y eust chargé en une heure trante icelles barques. Nous nommames icelles isles isles de Margaulx. A cinq lieues desdites isles estoit l'autre isle à ouaist d'elles qui a environ deux lieues de long et autant de leise*. Nous y fumes posez pour la nuyt pour avoir des eaux et du bouays à feu. Icelle isle est rangee de sablons et beau fons et possaige* à l'antour d'elle à seix et à sept brasses. Cestedite ille est la milleure terre que nous ayons veu car ung arpant d'icelle terre vault mielx que toute la Terre Neufve. Nous la trouvames plaine de beaulx arbres prairies champs de blé sauvaige et de poys en fleurs aussi espes et aussi beaulx que je viz oncques en Bretaigne queulx sembloict y avoir esté [semés] par laboureux. Il y a force grouaiseliers frassiers et rossez de Provins persil et aultres bonnes erbes de grant odeur. Il luy a entour icelle ille plusieurs grandes bestez comme grans beuffz quelles ont deux dans en la gueulle comme dans d'olifant qui vont en la mer dequelles y en avoict une qui dormoict à terre à la rive de l'eau et allames o* nos barcques pour la cuydez prandre mais incontinant que fumes aupres d'elle

elle se gecta en la mer. Nous y vimes parroillement des ours et des renars. Celle isle fut nommee l'ille de Bryon. Auxs environ d'icelles illes y a de grandes marees qui portent comme suest et norouaist. Je presume mielx que aultrement à ce que j'ay veu qu'il luy aict aulcun passaige entre la Terre Neuffve et la Terre des Bretons. Sy ainsi estoict se seroict une grande abreviacion tant pour le temps que pour le chemyn si se treuve parfection en ce voyage. A quatre lieues de ladite ille il luy a ung beau cap que nommames Cap du Daulphin pour ce que c'est le conmancement des bonnes terres.

Le XXVIIe dudit moys de juin nous rangeames ladite terre qui gist est nordest et ouaist surouaist et semble de loing que se soinct butterolles* de sables pour ce que se sont terres basses et araineusses*. Nous ne pumes allez ny dessandre à icelles pour ce que le vent en venoict et les rangeames celluy jour environ quinze lieues.

Chapitre XIII

Le landemain rangeames icelle terre environ X lieues jusques a ung cap de terre rouge qui est ung cap rongné au dedans duquel y a une ancze qui s'abat au nort et poys sonme*. Il luy a ung sillon de perroy* qui est entre la mer et ung estanc; d'icelluy cap de terre et estanc à ung aultre cap de terre y a environ quatre lieues. Ce faict la terre en demy cercle et tout rangé de sablons faictz conme ung fossé par sur lequel et oultre yceluy y a conme maniere de marestz et estancqz tant conme l'on peult voir. Et auparavant arivez au premier cap y a deux petittez illes assez pres de terre. Et à cinq lieues dudit second cap y a une ille au surouaist qui est mout haulte et pointue qui par nous fut nommee Allezay. Le premier cap fut nommé le cap Sainct Pierre pour ce que le jour dudit sainct y arivames.

Chapitre XIV

Dempuix ladite ille de Bryon jusques audit lieu y a beau fons de sablon et certaine sonde qui asoumist* comme l'on aproche de terre egallement. A cinq lieues de terre y a vignt cinq brasses et à une lieue doze brassez, bort à terre seix brassez et partout beau fons. Et pour ce que voullions abvoir plus emple congnoissance dudit parroige mismes les voilles bas et en travers. Et le landemain peneultime jour dudit moys le vent vint au su ung cart du surouaist et fismes couriz jusques au mardi derroin jour dudit moys sollail à l'est sans avoir congnoissance d'aulcune terre fors que le soir sollail reconsant* nous vysmes terre aparroissante comme deux illes qui nous demeuroict à ouaist surouaist environ IX ou X lieues. Et celuy jour fismes à ouaist jusques au landemain sollail à l'est environ quarante lieues. Et faissant chemyn eusmes la congnoissance de ladite terre qui nous avoit aparut comme deux illes qui estoit terre ferme qui gissoit susuest et nort norouaist jusques à ung cap de terre moult beau nommé Cap d'Orleans. Toute ycelle terre est basse et unye la plus belle qui soict possible de voir et plaine de beaulx arbres et prairies. Mais en icelle ne peumes trouvez hable* pour ce que c'est basse terre et poys sonme* et toute rangee de sables. Nous y fumes en pluseurs lieulx o* nos barcques et entre les aultres dedans une belle ripviere de peu de fons où vysmes des barcques de sauvaiges qui traversoinct ladite ripviere qui pour ce fut nommee ripviere de Barcques. Et n'eumes aultre congnoissance d'eulx pour ce que le vent vint de la mer qui chargeoict à la coste et nous convint retires o* nosdites barcques à nos navires. Et fysmes couriz au nordest jusques au landemain sollail à l'est premier jour de juillet à laquelle heure vingt brumes et serraison* et mysmes les voilles bas jusques envyron dix heures qu'il esclardit et eumes congnoissance dudit cap d'Orleans et d'un aultre qui en demeuroict environ sept lieues au nort ung cart du nordest qui fut nommé le cap de Sauvaige au nordest duquel environ demye lieue y a ung hessier* et bancq de pierres fort dangereux. A celuy cap nous vint ung honme qui couroit apres nos barcques le long de la coste qui nous fessoict pluseurs signes que nous retournissions vers ledit cap. Et nous voyans telz signes commenczames à nages* vers luy et luy voyant que retournyons commencza à fuir et à s'en couriz davant nous. Nous dessandimes à terre davant luy et luy mysmes ung cousteau et une saincture de laine sur une verge et puix nous en allames à nos navires. Celuy jour rangeames ladite terre neuff ou dix lieues pour cuydez trouvez hable* ce que ne peumes car comme j'ay cy davant dit c'est terre basse et sonme*. Nous y dessandimes celuy jour en quatre lielx pour voir les arbres queulx sont merveilleusement beaulx et de grande odeur . Et trouvames que c'estoint cedres iffz pins ormes blans frainnes sauldres et aultres pluseurs à nous incongneuz touz arbres sans fruictz.

Les terres où il n'y a bouays sont fort belles et toutez plaines de poys grouaiseliers blans et ronges frasses franboysses et blé sauvaige comme seille quel il semble y abvoir esté semé et labouré. C'est terre de la meilleure temperance qui soict possible de voir et de grande chaleur et y a plusieurs tourtres et ramyers et aultres ouaiseaulx. Il n'y a faulte que de hables*.

Chapitre XV

Le landemain second jour de juillet nous apersumes la terre au nort de nous qui tenoict à celle de davant toute rangee et congneumes que c'estoict une baye qui a environ vignt lieues de parfont et autant de traversee. Nous la nonmames la baye Sainct Lunaire. Nous fumes au cap de devers le nort o* nos barcques et trouvames le pays sy sonme* que à plus de une lieue de terre ne y abvoict que une brasse d'eau. Au nordest dudit cap environ sept ou ouict lieues nous demeuroict ung aultre cap de terre et entre les deux y a une baye en maniere de triangle qui estoict moult parfonde dont le plus loign que pussion voirs d'icelle nous demeuroict au nordest et estoict toute rangee de sablons et pays sonme*. A dix lieues loign de terre y a vignt brasses de parfont. Dempuix ledit derrenier cap jusques audit bout et cap de terre y a quinze lieues. Et nous estans le travers dudit cap apersumes aultres terres et cap qui nous demeuroict au nort ung cart du nordest tout à la veue. La nuyt fist mauvais temps et grant vent et nous convint meptre à la cappe jusques au matin tier jour de juillet que le vent vint à ouaist et fysmes porter sur le nort pour avoir la congnoissance de ladite terre qui estoit une haulte terre qui nous demouroict au nort nordest par sur les bassez terres. Entre lesquelles basses terres et les haultez y abvoict une grande baye et ouverture où il luy abvoict cinquante et cinq brassez de parfont par aulcuns* lieulx et large de environ quinze lieues. Et pour ladite parfondeur et laisse* et changement de terres eumes espoir de y trouvés le passage conme il luy a au passage des Chasteaulx. Icelle baye gist est nordest et ouaist surouaist. Et est la terre de devers le su de ladite baye aussi belle et bonne terre labourable et plaine de aussi belles champaignes* et prairies que nous ayons veu et unye comme ung estancq. Et celle de vers le nort est une terre haulte à montaignes toute plaine de arbres de haulte fustaille de pluseurs sortez et entre aultres y a pluseurs cedres et pruches* aussi beaulx qu'il soict possible de voir pour faire mastz suffissans de mastez navires de troys cens tonneaulx et plus en las quelle ne vysmes ung seul lieu vyde de bouays fors en deux lieulx de basses terres où il luy abvoit des prairies et des estancq moult beaulx. Le parmy* de ladite baye est en quarante sept degrés et demy de latitude et LXXIII degrés de longitude.

Chapitre XVI

Le cap de ladite terre du su fut nommé Cap d'Esperance pour l'espoir que nous abvions de y trouvés passaige. Et le quart jour dudit moys jour Sainct Martin rangeames ladite terre du nort pour trouvés hable* et entranmes en une petite baye et conche* de terre toute ouverte de vers le su où il n'y a aulcun abry dudit vant et la nonmames la conche* Sainct Martin. Et fusmes dedans ladite conche* dempuix le quart jour jusques au doziesme jour dudit juillet. Et ce temps que nous fusmes en ladite conche* fusmes le lundi seixième apres avoir ouy la messe avecquez une de nos barcques pour descouvriz ung cap et pointe de terre qui nous demouroict à sept ou ouict lieues à l'ouaist de nous pour voir conme ladite terre se rabatoict. Et nous estans à demye lieue de ladite pointe apersumes deux bandez de barques de sauvaiges qui traversoint de l'une terre à l'austre où ilz estoint plus de quarante ou cinquante barcques et dont l'une desdites bandes de barcques arivoict à ladite pointe dont il sauterent et dessandirent à terre ung grant nombre de gens quelx fessoint ung grant bruict et nous fessoint plusieurs signes que nous allissions à terre nous montrant des peaulx sur des bastons. Et pour ce que n'avions que une seulle barcque n'y voullimes allez et nageames* vers l'autre bande qui estoict à la mer. Et eulx voyans que nous fuyons esquipperent deux de leurs plus grandez barcques pour venir apres nous avecques lesquelles se banderent cinq aultres de celles qui venoint de la mer et vindrent jusques aupres de notredite barcque dansant et faisant plusieurs signes de voulloir nostre amytié nous disant en leur langaige *napou tou daman asurtat* et aultres parrolles que n'entendions. Et pour ce que n'avyons conme dit est que l'une de nos barcques ne nous voullymes fiez en leurs signes. Et leurs fysmes signes que eulx se retirassent ce que ne voullirent mes nagerent* de si grande force qu'ilz avironnerent notredite barcque avecques leurs sept barcques. Et pour ce que pour signe que nous leurs fissions ne se voullirent

41

retirez nous leurs tirames deux passevollans* par sur eulx. Et lors ce mydrent à retournez vers ladite pointe et fidrent ung bruict merveilleusement grant apres lequel conmancerent à retournez vers nous comme davant. Et eulx estans jouxte nostredite barcque leur lachames deux lanses à feu* qui passerent parmy* eulx qui les estonna fort tellement qu'ilz se mydrent à la fuyte à moult grant haste et ne nous suyvirent plus.

Chapitre XVII

Le landemain partie desdits sauvaiges vindrent avecques neuff barcques à la pointe et entree de la conche* où estions possez o* nos navires. Et nous estans advertiz de leur venue allames o* nos deux barcques [à ladite] pointe et entree où ilz estoint. Et incontinant qu'ilz nous aperczeurent se mysdrent à fuyz nous faisant signes qu'ilz estoint venuz pour traficquer avecques nous. Et nous montrerent des peaulx de peu de valleur de quoy ilz s'acoulstrent. Nous leur fysmes parroillement signe que nous ne leur voullyons nul mal et dessandismes deux hommes à terre pour aller à eulx leurs portez des cousteaulx et aulstres ferremens et ung chappeau rouge pour donnez à leur cappitaine. Et ealx voyant ce dessandirent partie d'eulx à terre avecques desdites peaulx et traficquerent ensemble et demenerent une grande et merveilleusse joye d'avoir et recouvrer desdits ferremens et aulstres chosses dansans et faissant plusieurs serymonyes en gectant de la mer sur leur testes avecques leurs mains et nous baillerent tout ce qu'ilz avoint tellement qu'ilz s'en retournerent touz nus sans aulcune chose avoir sur eulx et nous fidrent signe que le landemain retourneroint avecques d'aultres peaulx.

Chapitre XVIII

Le jeudi VIIIe dudit moys pour ce que le vant n'estoict bon pour sortir o* nos navires esquippames nosdites barcques pour aller descouvriz ladite baye et courimes celuy jour dedans environ XXV lieues. Et le landemain au matin eumes bon temps et fysmes porter jusques environ dix heures du matin à laquelle heure eusmes congnoissance du font de ladite baye dont fusmes dollans et masriz. Au font de laquelle baye y abvoict par dessur les bassez terres des terres à montaignes moult haultes. Et voyant qu'il n'y abvoict passaige commanczames à nous en retournez. Et faisant nostre chemyn le long de la coste vismes lesdits sauvaiges sur l'oree d'un estanc et basses terres queulx fessoint plusieurs feuz et fumees. Nous allames audit lieu et trouvames qu'il luy abvoict une antree de mer qui entroict oudit estanc et mysmes nosdites barcques d'un costé de ladite entree. Lesdits sauvaiges passerent o* une de leurs barcques et nous aporterent des pieces de lou marin tout cuict qu'ilz mysdrent sur des pieces de bouays et puix se retirerent nous faissant signe qu'ilz les nous donnoint. Nous envoyasmes deux hommes à terre avecques des hachotz et cousteaulx patenostres* et aultre marchandie dequoy ilz demenerent grande joye. Et incontinant passerent à la foulle o* leursdites barcques du costé où nous estions avecques peaulx et ce qu'ilz abvoint pour abvoir de notre marchandie; et estoint en numbre tant honmes femmes que enffens plus de troys cens dont partie de leurs femmes qui ne passerent danczoint et chantoint estantes en la mer jusques aux jenouz. Les aulstres femmes qui estoint passees de l'autre costé où nous estions vindrent franchement à nous et nous frotoint les bratz avecques leurs mains et puix levoint les mains joingtes au ciel en fessant plusieurs signes de jouaye. Et tellement se assurerent avecques nous que enfin marchandames main à main avecques eulx de tout ce qu'ilz abvoint qui est chose de peu de valleur. Nous congneumes que se sont gens qui seroint fassilles à convertir qui vont de lieu en aulstre vivant et prenant du poisson au temps de pescherie pour vivre. Leur terre est en challeur plus temperee que la terre d'Espaigne et la plus belle qui soict possible de voir et aussi eunye que ung estanc. Et n'y a cy petit lieu vide de bouays et fust sur sable qui ne soict plain de blé sauvaige qui a l'espy comme seilgle et le grain comme avoyne et de poys aussi espez comme si on les y abvoict seimés et labourez grouaiseliers blans et rouges frassez franbouaysses et roses rouges et blanches et aultres herbes de bonne et grande odeur. Parroillement y a force belles prairies et bonnes herbes et estancq où il luy a force saulmons. Je estime mielx que aultrement que les gens seroint faciles à conyertir à notre saincte foy. Ilz appellent ung hachot en leur langue *cochy* et ung cousteau *bacan*. Nous nonmames ladite baye la baye de Chaleur.

Chapitre XIX

Nous estans certains qui n'y avoict passaige par ladite baye fysmes voille et aparroillames de ladite conche* Sainct Martin le dimanche douziesme jour de juillet pour allez charcher et decouvriz oultre ladite baye et fysmes couriz à l'est le long de la coste qui ainsi gist environ dixouict lieues jusques au cap de Pratto. Et là trouvames une merveilleuse maree et petit fontz et la mer fort malle. Et nous convint serrez à terre entre ledit cap et une ille qui est à l'est d'iceluy environ une lieue. Et là possames les encrez pour la nuyt. Et le landemain au matin fismes voille pour debvoir rangez ladite coste qui gist nort nordest mais il sourvint tant de vant controire qui nous convint relacher de là où estions partiz et y fusmes ledit jour et la nuyt jusques au landemain que fismes voille et vinmes le trevers d'une ripviere qui est a cinq ou seix lieues dudit cap au nort. Et nous estans le travers d'icelle ripviere nous vint le vent controire et force bruymes et non veue et nous convint entrer dedans icelle rivyere le mardi XIIIIe jour dudit moys et posames à l'entree jusques au XVIe esperant avoyr bon temps et sortyr. Et ledit jour XVIe qui est jeudi le vent renfforça tellement que l'un de noz navires perdyt une ancre et nous convynt entrer plus avant sept ou huit lieues amont icelle riviere en ung bon hable* et seur que nous avyons esté veoyr avec noz barques. Et pour le mauvayz temps sarraize* et non veue qu'il fist fusmes en icelluy hable* et ryviere jusques au XXVe jour dudit moys sans en pouvoir sortyr durant lequel temps nous vint grand nombre de sauvaiges qui estoient venuz en ladite riviere pour pescher des masquereaulx desquelz il y a grant habondance. Et estoient tant homes femmes que enffans plus de deux cens personnes qui avoyent envyron quarante barques lesquelz apres avoyr ung peu pratiqué à terre avecques eulx venoyent franchement avec leurs barques à bord de noz navyres. Nous leur donnasmes des cousteaulx pathenostres de voyrre paignes et aultres besongnes de peu de valleur de quoy faisoient plusieurs signes de joyes levant les mains au ciel en chantant et dansant dedans leursdites barques. Celle gent se peult nonmer sauvaiger car c'est la plus pouvre gence qu'il puisse estre au monde car tous ensemble n'avoyent la valleur de cinq solz leurs barques et leurs raitz à pescher hors. Ilz sont tous nudz reservé une petite peau de quoy ilz couvrent leur nature et aulcunes vielles peaulx de bestes qu'ilz gectent sur eulx en escharpes. Ilz ne sont point de la nature ny langue des premiers que avions trouvé. Ilz ont la teste touzee* à reons tout alentour reservé ung rynet* en le hault de la teste qu'ilz laissent long comme une queue de cheval qu'ils lyent et serrent sur leurs testes en ung loppin avecques des coroyes de cuyr. Ils n'ont aultre logis que soubz leursdites barques qu'ilz tournent adans* et se couchent sur la terre dessoubz icelles. Ilz mangent leur chair quasi crue apres estre ung peu eschauffee sur les charbons et pareillement leur poisson. Nous fusmes le jour de la Magdelaine o* noz barques au lieu où ils estoient sur l'oree de l'eaue et descendismes franchement parmy eulx dequoy ilz demenerent grand joye et se prindrent tous les hommes à chanter et danser en deux ou troys bandes faisant grant signe de joye de nostre venue. Maiz ilz avoyent fait fouyr toutes les jeunes femmes dedans le boys fors deux ou troys qui demeurerent à qui nous donnasmes chacun ung pigne et à chacune une petite clochette d'estang de quoy ilz firent grand joye remercyant le cappitaine en luy frottant les bras et la poictryne avecques leurs mains. Et eulx voyant que on avoyt donné à celles qui estoient demourees firent venir celles qui estoient fuyes au boys pour en avoyr autant comme les aultres qui estoient bien une vingtaine qui se assemblerent sus ledit cappitaine en le frottant avec leursdites mains qui est leur façon de faire chere. Et il leur donna à chacune sa petite [clochette] d'estaing de peu de valleur et incontinent se assemblerent ensemble à danser et dyrent plusieurs chanssons. Nous trouvasmes grant quantité de macquereaulx qu'ilz avoyent pesché bort à bort de terre avecques des raiz qu'ilz ont à pescher qui sont de fil de chanvre qui croist en leur pays où ilz se tiennent ordinairement car ilz ne vyennent à la mer que au temps de la pescherye ainsi que j'ay sceu et entendu. Pareillement y croist de groz mil comme poix ainsi que au Bresil qu'ilz mangent en lieu de pain dequoy ilz avoyent tout plain avecques eulx qu'ils nomment en leur langaige *kagaige*. Pareillement ont des prunes, qu'ilz seichent comme nous faisons pour l'yver qu'ils nomment *honnesta* des figues noix poires pommes et aultres fruictz et des febves qu'ils nomment *sahé* les noix *caheya* les figues *honnesta* les pommes [...]. Si on leur monstre aucune choses de quoy ilz n'ayent point et qu'ils ne sçavent que c'est ilz secouent la teste et dyent *nouda*:qui est à dire qu'il n'y en a point et qu'ilz ne sçavent que c'est. Des choses qu'ilz ont ilz nous ont montré par signes la façon comme il croyst et comme ilz l'acoustrent. Ilz ne mangent jamays chose où il y ait goust de sel. Ilz sont larrons à merveilles de tout ce qu'ilz peuvent desrober.

Chapitre XX

Le XXIIIIme jour dudict moys nous fismes faire une croix de trente piedz de hault qui fut faicte devant plusieurs d'eulx sur la poincte de l'entree dudit hable* soubz le croysillon de laquelle mismes ung escusson en bosse à troys fleurs de lys et dessus ung escripteau en boys engravé en grosse lettre de forme où il y avoit Vive le Roy de France. Et icelle croix plantasmes sur ladite poincte devant eulx lesquelz la regardoyent faire et planter. Et apres qu'elle fut eslevée en l'air nous mismes tous à genoulx les mains joinctes en adorant icelle devant eulx. Et leur fismes signe regardant et leur monstrant le ciel que par icelle estoit nostre redemption dequoy ilz firent plusieurs admyradtions en tournant et regardant icelle croix.

Nous estans retournez en noz navires vint le cappitaine [Donnaconna] vestu d'une vielle peau d'ours noire dedans une barque aveques trois de ses filz et son frere lesquelz ne aprocherent si pres du bort comme avoyent de coustume et nous fit une grande harangue nous monstrant ladite croix et faisant le signe de la croix avec deux doydz et puis nous monstroit la terre tout alentour de nous comme s'il eust voullu dire que toute la terre estoit à luy et que nous ne devyons pas planter ladite croix sans son congé. Et apres qu'il eut finy sadite harangue nous luy monstrasmes une hache faignant la luy bailler pour sa peau à quoy il entendit et peu à peu s'aprocha du bourt de notre navire cuydant avoyr ladite hache. Et l'un de noz gens au mist la main sur sadite barque. Et incontinant il en entra deux ou troys dedans leur barque et les fist on entrer dedans notre navire. Dequoy furent bien estonnez. Et eulx estans entrez furent asseurez par le cappitaine qu'ilz n'auraient nul mal en leur monstrant grant signe d'amour; et les fist on boyre et manger et faire grant chere et puis leur monstrasmes par signe que ladite croix avoit esté plantee pour faire merche* et ballise pour entrer dedans le hable* et que nous y retourneryons bien tost et leur apporteryons des ferremens et aultres choses et que nous voullyons emmener deux de ses filz avecques nous et puis les rapporteryons audit hable*. Et acoustrasmes sesdils deux filz de deux chemises et en livrees et de bonnetz rouges et à chacun sa chainette de laton au col. Dequoy se contenterent fort et baillerent leurs vieulx haillyons à ceulx qui retournoient. Et puis donnasmes aux troys que renvoyames à chaincun son hachot et deux cousteaulx dequoy menerent grant joye. Et eulx estans retournez à la terre dyrent les nouvelles aux aultres. Envyron midi d'icelluy jour retournerent six barques à bort où il y avoit à chacune cinq ou six hommes lesquelz venoyent pour dire adieu aux deux que avyons retins et leurs apporterent du poisson et nous firent signe qu'ilz ne habbatroyent ladite croix en nous faisant plusieurs harengues que n'entendions.

Chapitre XXI

Le landemain XXVme jour dudit moys le vent vynt bon et appareillames du hable* et nous estans hors de ladite ryviere fismes porter à l'est nordest pour ce que depuis l'entree de ladite riviere estoit la terre rengee faisant une baye en maniere de demy cercle dont avyons veues de toute la couste de noz navires. Et en faisant la routte vynmes querir ladite terre qui gisoit suest et noruoist le parraige de laquelle il povoyt avoir de distance despuys ladite riviere envyron XX lieues.

Chapitre XXII

Dempuys le lundi XXVIIe soleil a ouest rangasmes ladite terre comme dit est gisant suest et noruoest jusques au mardi que vismes ung aultre capt où la terre commence à s'abatre à l'est et la rangasmes XV lieues et puis commence ladite terre à se rabbatre au nort. A troys lieues d'icellui capt y a de sonde XXIIII brasses et tanguay*. Le tout desdites terres sont terres unyes et les plus descouverte de boys que nous ayons veu et trouvé avec belles praryes et champaignes* vertes à merveilles. Ledit capt fut nonmé le capt Sainct Loys pour que ledit jour estoit la feste dudit saint et [est] à 40 et 9 degrez ung quart de latitude et à soixante et trois degrez et demy de longitude.

Le mecredi au mactin nous estans à l'est dudit capt et fismes porter au noruoist pour accoincter* la terre jusques envyron soleil couchant icelle gisent nort et su. Dempuis ledit capt Sainct Loys jusques à ung aultre cap noamé Cap de Monmorancy envyron quinze lieues audit cap la terre commence à se rabbatre au noruoist. Nous cuydasmes* sonder à troys lieues ou envyron dudit cap et ne peulmes y treuvé fons à cent cinquante brasses. Nous rengasmes icelle terre envyron dix lieues jusques en la haulteur de cinquante degrez en latitude. Le samedi premier jour d'aoust à soleil levant husmes congnoissance et veue d'aultres terres qui nous demoroyent au nort et au nordest de nous quelles estoient hautes terres à merveilles et hachees à montaignes; entre nous et lesquelles y avoyt des basses terres où il y a boys et rivieres. Nous rangasmes lesdites terres tant d'une part que d'aultre faissant le noruoest pour veoyr s'il c'estoit baye ou passaige jusque au cinquiesme jour dudit moys – il y a de l'une terre à l'aultre envyron XV lieues et le parmy* en cinquante degrez ung tiers en latitude – sans jamays pouvoyr gagner dedans icelle plus que envyron XXV lieues pour la difficulté des grandz vents et mareez contraires qui là estoient. Et fusmes jusques au plus destroit d'icelle où l'on voit la terre facillement de l'ung à l'aultre et là commence soy alaiser*. Et pour ce que ne faisions que dechoir* avaulx* le vent fusmes à terre avec nosdites barques pour devoyr aller jusques à ung cap de ladite terre du su qui estoit le plus long et le plus hors que nous vissions à la mer où il y avoit envyron cinq lieues. Et nous arrivez à ladite terre trouvasmes que c'estoient rochers et fons curé ce que n'avions trouvé par tous les lieux où avons esté devers le seu despuis le cap Sainct Jehan. Et à icelle heure y avoyt hebe* qui portoit contrevent à oest tellement que en nageant* le long de ladite couste l'une de noz barques toucha sus ung rocher qui fut incontinent franchie de sorte qu'il nous fallyt tous saulté hors pour la boutter* à flot.

Chapitre XXIII

Et apres que nous eusmes naigé* le long de ladite couste envyron deux heures le flot commença à faire qui venoyt de l'oest contre nous si impetueusement qu'il ne nous estoit poissible de gaigner en avant la longueur d'un gy de pierre avec treize advyrons. Et nous convint laisser lesdites barques et partye de noz gens à les garder et aller par terre dix ou douze honmes jusques audit cap ouquel trouvasmes ladite terre commencent à se rebatre au suroest. Nous ayant ce veu retournasmes avec nosdites barques et vinsmes à noz navires qui estoient à la voille esperant tousjours gagner en avant qui estoient deschuz plus quatre lieues aval* le vent de là où les avyons laissees. Et nous arrivez auxdits navires assemblasmes tous les cappitaines pillottes maystres et compagnons pour avoyr l'oppinion et advys de ce qu'il estoit bon de faire. Et apres avoyr l'ung apres l'aultre dict que consciederé les grant ventz d'avaulx* qui commençoyent et que les marees estoient fortes tellement qu'ilz ne faisoient que decheoyr et qu'il n'estoit possible de gaigner oultre en ceste saison et aussi que les tormentes commencoyent en celluy temps en la Terre Neufve et que nous estions encore bien loing et ne sçvions les dangiers qui estoient entre deux, qu'il estoit bien temps de soy retirer ou de demourer par là; neant et davantage que si une muayson* de vent d'amond nous prenoyt que c'estoit force de y demeurer. Apres lesquelles oppinions prinses fusmes arrivez large à nous en retourner. Et pour ce que le jour saint Pierre nous entrasmes dedans ledit destroit nous le nonmasmes le destroyt Sainct Pierre. Nous l'avons sondé en plusieurs lieux et y avons treuvé en ancuns VIII^{XX} brasses et en aultre cent et plus pres de terre soixante et quinze brasses et partout fons curé.

Et depuys ledit jour jusques au mecredi eumes vent à gré* et fort ventant et rengeasmes ladite terre du nort est suest et oest noruoest car ainsi gist fors une ance et cap de terre basses qui prent plus du suest qui est envyron XXV lieues dudit destroit auquel lieu vismes des fumees que les gens de ladite terre faisoient sur ledit cap. Et pour ce que le vent chargeoyt à la couste n'y aprochasmes et eulx voyans que n'y aprochions viendrent avec deux barques envyron douze hommes lesquelz vindrent aussi franchement à bort de noz navires que s'ilz eussent esté françoys. Ilz nous firent entendre qu'ilz venoyent de la Grant Baye et qu'ilz estoient au cappitaine Thiennot, lequel estoit sur ledit cap, nous faisant signe qu'ilz s'en retournoyent en leurs pais devers là où nous venyons et que les navyres estoient appareillez de ladite baye tous chargez de poisson. Nous nonmasmes ledit cap le cap Thiennot.

Dempuis celluy cap gist la terre est suest et ouaist noruoist et sont toutes basses terres bien belles toutes rangees de sablons où il y a la mer de arasiffes* et basses jusques envyron vingt lieues où commence la terre à s'aterré à l'est et à l'est nordest toute rangee d'isles estantes à deux ou troys lieux loing de terre le parraige desquelles y a des basses dangereuses à plus de quatre ou cinq lieues loing de terre.

Chapitre XXIV

Despuis ledit mercredi jusques au samedy eusmes grant vent de suroist et fismes porter à l'est nordest et ledit jour vynmes querir la terre de l'oest de Terre Neufve entre les Cranches et le Cap Double et alors le vent vint à l'est nordest en yre* et tormente et mysmes le cap au nort noruoist et allasmes querir la bande du nort qui est comme davent toute rangee d'isles. Et nous estans jouxte ladite terre et isles le vent carmyt* et vint au su et fismes porter dedans ladite baye. Et le landemain IXme d'aoust entrismes dedans Blanc Sablon.

Fin du descouvrement

Et despuis sçavoyr le quinziesme jour d'aoust jour et feste de l'Assunption Notre Dame partismes assemblement dudit hable* de Blanc Sablon apres avoir messe et avecques bon temps vynmes jusques à la my mer d'entre Terre Neufve et Bretaigne auquel lieu eusmes troys jours continuez de grande tormente de ventz d'avaulx* laquelle avec l'ayde de Dieu nous souffrimes et endurasmes. Et Despuis eusmes temps à gré* tellement que arrivasmes au hable* de Sainct Malo dont estyons partiz le Ve jour de septembre audit an.

Deuxième relation
(1535-1536)

Au Roy tres chretien

Considerant o mon tres redoubté prince les grand bien et don de grace qu'il a plu à Dieu le Createur faire à ses creatures et entre les autres de meptre et asseoir le soleil qui est la vie et congnoissance de toutes icelles et sans lequel nul ne peult fructiffier ny generer en lieu et place là où il a son mouvement et declinaison contraire et non semblable es aultres planetes; par lesquelz mouvements et declinaison toutes creatures estantes sur la terre en quelque lieu et place qu'elles puissent estre en ont ou en peuvent avoir en l'an dudict soleil qui est 365 jours et six heures aultant de veue oculaire les ungs que les aultres par ses raiz* et reverberations ny la division des jours et nuictz en pareille esgallité mais suffist qu'il y est de telle sorte et tant temperement que toute la terre est ou peult estre habitee en quelque zonne clymat ou parallele que se soyt; et icelles avec les eaulx arbres herbes et toutes aultres creatures de quelque genre ou espesse qu'elles soient par l'influance d'icelluy soleil donner fruictz et generations selon leur nature pour la vie et nourriture des creatures humaines. Et si aulcuns* voulloient dire le contraire de ce que dessus en allegant le dict des saiges philosophes du temps passé qui ont escript et faict division de la terre par cinq zonnes dont ilz en dient et afferment trois inhabitees c'est assavoir la zonne thoridde qui est entre les deux troppicques ou solistices qui passe par le zenit des testes des habitans d'icelle et les deux zonnes articques et entarticques pour la grand froidure qui est en icelle à cause du peu d'elevation qu'ilz ont dudict soleil et aultres raisons, je confesse qu'ilz ont escript de la maniere et croy fermement qu'ilz le penssoient ainsi et qu'ilz le trouvoient par aucunes raisons naturelles là où ilz prenoient leur fondement et d'icelles se contentoient seullement sans adventurer ny meptre leurs personnes es dangiers esquelz ilz eussent peu encheoir* à sercher l'experience de leur dire. Mais je diré pour ma replicque que le prince d'iceulx philozophes [Aristote] a laissé parmy ses escriptures ung brief mot de grande consequence qui dict que *expernentia est rerum magistra* par l'enseignement duquel je ose entreprendre de adresser à la veue de votre magesté royalle cestuy propotz en maniere de prologue de ce mien petit labeur car suivant votre royal commandement les simples mariniers de present non ayans eu tant de craincte de soy meptre en l'adventure d'iceulx perilz et dangiers qu'ilz ont eu et ont desir de vous faire tres humble service à l'augmentation de la tres saincte foy chrétienne ont congneu le contraire d'icelle oppinion des philozophes par vraye experience.

    J'ay allegué ce que davant parce que je regarde que le soleil qui chacun jour se lieve à l'orient et se retire à l'occident faict le tour et circuyt* de la terre donnant lumiere et chaleur à tout le monde en 24 heures qui est ung jour naturel sans aucune interruption de son mouvement et cours naturel. A l'exemple duquel je panse en mon foible entendement et sans aultre raison y alleguer qu'il plaist à Dieu par sa divine bonté que toutes humaines creatures estantes et habitantes sur le clobe de la terre ainsi qu'elles ont veue et congnoissance d'icelluy soleil ayent eu et ayt pour le temps advenyr congnoissance et creance de notre saincte foy. Car premierement icelle notre saincte foy a esté semee et plantee en la Terre saincte qui est en Asie à l'orient de notre Europpe et despuis par succession de temps apportee et divulguee jusques à nous et finablement en l'occident de notre dicte Europpe à l'exemple dudict soleil portant sa clarté et chaleur de orient en occident comme dict est et pareillement aussi avons veu icelle notre tres saincte foy par plusieurs foys à l'occasion des meschans hereticques et faultz legistateurs eclipser en aulcuns* lieux et despuis semblablement reluire et monstrer sa clarté plus apertement* que auparavant. Et maintenant encores à present voyons comme les meschans Lutherians apostatz et ymitateurs de Mahommet de jour en aultre s'efforcent de icelle opprimer et finablement du tout estaindre si Dieu et les vraiz suppotz d'icelle n'y donnoient ordre par mortelle justice ainsi que on veoyt faire chacun jour en vos pays et Royaume par le bon ordre et pollice que y avez mys. Pareillement aussi voyt on comme au contraire de iceulx enffens de Sathan les princes chrétiens et vraiz pilliers de l'eglise catholicque s'efforcent de icelle augmenter et acroistre ainsi que a faict le Catholicque Roy d'Espaigne es terres qui par son commandement ont esté descouvertes à l'occidant de ses pays et Royaumes quelles auparavant nous estoient incongneues estranges et hors de notre foy comme la Neufve Espaigne [Mexique], l'Izabelle [île de Cuba], Terre ferme [région de Panama] et aultres isles où on a trouvé innumerable* peuple qui a esté baptizé et reduict à notre tres saincte foy.

Et maintenant en la presente navigation faicte par votre royal commandement en la descouverture des terres occidentalles estantes soubz les climatz et parallelles de vos pays et Royaumes non auparavant à vous ny à nous congnues pourrez veoyr et sçavoir la bonté et fertilité d'icelle la innumerable* quantité des peuples y habitans la bonté et paisibleté d'iceulx et pareillement la fécondité du grand fleuve qui decourt* et arrouse le parmy* d'icelles voz terres qui est le plus grand sans comparaison que on sache jamays avoir veu. Quelles choses donnent à ceulx qui les ont veues certaine esperance de l'augmentation future de notredite tres saincte foy de voz seigneuries et nom tres chrétien ainsi qu'il vous plaira veoyr par ce present livre auquel sont amplement contenues toutes choses dignes de memoire que avons veues et qui nous sont advenues tant en faisant ladicte navigation que estans et faisans sejour en vosditz pays et terres.

Chapitre I

Le dimanche jour et feste de la Panthecoste XVIme jour de may en l'an mil cinq cens trente cinq du commandement de notre cappitaine et bon voulloir de tous chacun se confessa et resseumes tous ensemblement notre Createur en l'eglise cathedral de Sainct Malo. Apres lequel avoir receu fumes nous presenter au cueur de ladite eglise devant Reverand pere en Dieu monseigneur de Sainct Malo lequel en son estat episcopal nous donna sa benediction.

Et le mercredy ensuivant dixneuf^me jour dudit moys de may le vent vynt bon et convenable. Et appareillasmes avec lesditz troys navires savoyr la *Grand Hermyne* du port d'envyron cent à VI^xx thonneaux où estoit ledit cappitaine general et pour maistre Thomas Frommont Claude du Pontbryand filz du seigneur de Montreal et eschansson de monseigneur le daulphain Charles de La Pommeraye et aultres gentilzhommes. Au second navire nommé la *Petite Hermine* du port d'envyron soixante thonneaux estoit cappitaine soubz ledit Cartier Macé Jallobert et maistre Guillaume le Marié et au tiers et plus petit navire nommé *l'Hemerillon* du port de envyron quarente thonneaux en estoit cappitaine Guillaume le Breton et maistre Jacques Maingard. Et navigasmes avecques bon temps jusques au XXVIme jour dudit moys de may que le temps se tourna en yre* et tourmente qui nous a duré en ventz contraires et serraisons* autant que jamays navires qui passassent ladite mer eussent sans aucun amendement tellement que le XXVme jour de jung par ledit maulvays temps et serraison* nous entreperdymes tous troys sans que nous ayons eu nouvelles les ungs des aultres jusques à la Terre neufve là où avyons limytté nous treuver tous ensemble.

Et despuys nous estre entreperduz avons esté avec la nef generalle par la mer de tout vent contraire jusques au VIIe jour de juillet que nous arryvasmes à ladite Terre Neufve et prinsmes terre à l'isle es Oyseaulx qui est à quatorze lieues de la grand terre laquelle ysle est si tres pleine d'oyseaulx que tous les navires de France y pourroient facillement charger sans que on s'apperceust que l'on en eust tiré. Et là en prinsmes deux barquees pour parties de noz victailles. Icelle ysle est en l'eslevation du polle en XLIX degrez XL mynuttes. Et le VIIIme dudit moys nous appareillasmes de ladite ysle et avecques bon temps vinsmes au hable* de Blanc Sablon estant à la baye des Chasteaulx le quinziesme jour dudit moys qui est le lieu où nous devyons randre. Auquel lieu fumes attendans nos compaignons jusques au vingt sixiesme jour dudit moys qu'ilz arriverent tous ensemble. Et là nous prinsmes eaulx boys et aultres choses necessaires. Et appareillasmes et fismes voile pour passer oultre le XXIXme jour dudit moys à l'aube du jour et fismes porter le long de la couste du nort gisante est nordest et ouaist surouaist jusques envyron les huict heures du soyr que mismes les voilles bas le travers de deux ysles qui s'avancent plus hors que les aultres que nous nommasmes les ysles sainct Guillaume lesquelles sont envyron vingt lieues oultre le hable* de Brest. Le tout de ladite couste despuis les Chateaux jusques icy gist est nordest et ouaist surouaist rengee de plusieurs ysles et terres toutes hachee et pierreuse sans aucune terre ny boys fors en aucunes vallees.

Le landemain penultime jour dudit moys nous fismes courir à ouaist pour avoir congnoissance d'aultres ysles qui nous demouroient envyron douze lieues et demyes entre lesquelles ysles se faict une conche* vers le nort toute à ysles et grande bayes aparessantes y avoir plusieurs bons hables* et les nommasmes les ysles saincte Martre: hors lesquelles envyron une lieue et demye à la mer y a une basse bien dangereuse où il y a quatre ou cinq testes qui demeurent le travers desdites bayes en la routte d'est et ouaist desdites ysles sainct Guillaume et aultres ysles qui demeurent à ouaist surouaist des ysles saincte Martre envyron sept lieues lesquelles ysles nous vinsmes querir ledit jour envyron une heure apres midy. Et despuys ledit jour jusques à l'orloge virante fismes courir envyron quinze lieues jusques le travers d'un cap d'isles basses que nous nommasmes les ysles sainct Germain. Au suest duquel cap envyron troys lieues y a une aultre basse fort dangereuse. Et pareillement entre ledit cap sainct Germain et saincte Martre y a ung banc hors desdites ysles envyron deux lieues sur lequel n'y a que quatre brasses. Et pour le dangier de ladite couste mismes les voilles bas et ne fismes porter ladite nuyct.

Le landemain dernier jour de juillet fismes courir le long de ladite coste qui gist est et ouaist cart du suest qui est toute rangee d'isles et basses et coste fort dangereuse: laquelle contient despuis ledit cap des ysles sainct Germain jusques à la fin des ysles envyron XVII lieues et demyes. Et à la fin desdictes ysles y a une fort belle terre basse plaine de grandz arbres et haultz. Et est icelle couste toute rangee de sablons sans y avoir aucune apparoissance de hable* jusques au cap de Tyennot qui se rabast au norouaist qui est à envyron sept lieues desdites ysles lequel cap congnoissons du voiaige precedent et pour ce fismes couryr toute la nuict à ouaist norouaist jusques au jour que le vent vint contraire et allasmes sercher un havre où mismes noz navires qui est un bon petit havre oultre ledit cap Tyennot envyron sept lieues et demyes lequel est entre quatre ysles sortente à la mer. Nous le nommasmes le havre sainct Nicollas et sus la plus prochaine ysle plantasmes une grande croix de boys pour merche*. Et fault amener ladite croix au nordest puis l'aller querir et la laisser de tribort et treuverez de parfond VI brasses posez dedans ledit hable* à quatre brasses. Il se fault donner garde de deulx basses qui demeurent des deulx coustez à demye lieue hors. Toute cestedite couste est fort dangereuse et plaine de basses non obstant qu'il semble y avoir plusieurs hables* n'y a que basses et plateys* Nous fusmes audit hable* despuis ledit jour jusques au dimanche VIIIe jour d'aoust auquel jour appareillasmes et vinsmes querir la terre du su vers le cap de Rabast lequel est distant dudit hable* d'envyron vingt lieues gisant nort nordest et su surouaist. Et le landemain le vent vint contraire et pour ce que ne treuvasmes nulz hables* à ladicte terre du su fismes porter vers le nort oultre le precedent hable* de envyron dix lieues où trouvasmes une moult belle et grande baye plaine d'isles et bonnes entrees et posaige de tous les temps qu'il pourroit faire. Et pour congnoissance d'icelle baye y a une grande ysle comme un cap de terre qui s'avance plus hors que les aultres. Et sus la terre envyron deulx lieues y a une montaigne faicte comme ung tas de blé. Nous nommasmes ladicte baye la baye sainct Laurens.

Le XIIIe jour dudict moys nous partismes de ladite baye sainct Laurens et fismes porter à ouaist et vismes querir ung cap de terre devers le su lequel gist envyron l'ouaist ung cart de surouaist dudit hable* sainct Laurens envyron vingt cinq lieues. Et par les deux sauvaiges que avyons prins le premier voiaige nous fut dict que c'estoit de ladite terre devers le su et que c'estoit une ysle et que par le su d'icelle estoit le chemyn à aller de Honguedo où nous les avions prins l'an precedant à Canada. Et que à deux journees dudit cap et ysle commençoit le royaume du Saguenay à la terre devers le nort allant vers ledit Canada. Le travers dudit cap envyron troys lieues y a de parfond cent brasses et plus et n'est memoire de jamays avoir tant veu de ballaines que nous vismes celle journee le travers dudit cap.

Le landemain jour Notre Dame d'aoust XVe dudit moys nous passasmes le destroict la nuyt davant. Et le landemain eusmes congnoissance de terres qui nous demouroient devers le su qui est une terre à haultes montaignes à merveilles dont le cap susdit de ladite ysle que nous avons nommé l'isle de l'Assumption et ung cap desdites haultes terres gisent est nordest et ouaist surouaist et y a entre eulx vingt cinq lieues et voyt on les terres du nort plus haultes que celles du su à plus de trente lieues. Nous rangasmes lesdites terres du su dempuis ledit jour jusques au mardy midy que le vent vint ouaist et mismes le cap au nort pour aller querir lesdites haultes terres que voyons. Et nous estans là trouvasmes lesdites terres unies et basses vers la mer et les montaignes de devers le nort par sus lesdictes basses terres gisent icelles terres est et ouaist ung cart du surouaist. Et par les sauvaiges que avyons nous a esté dict que c'estoit le commancement du Saguenay et terre habitee et que de là venoyt le cuyvre rouge qu'ilz appellent *caignedazé*. Il y a entre les terres du su et celles du nort envyron trente lieues et plus de deux centz brasses de parfond. Et nous ont lesdits sauvaiges certiffyé estre le chemyn et commancement du grand fleuve de Hochelaga et chemyn de Canada, lequel alloit tousjours en estroississant jusques à Canada, et puis que l'on treuve l'eaue doulce audit fleuve qui va si loing que jamais homme n'avoit esté au bout qu'ilz eussent ouy et que aultre passaige n'y avoit que par bateaulx. Et voyant leur dire et qu'ilz affermoyent n'y avoir aultre passaige ne voullut ledit cappitaine passer oultre jusques à avoir veu la reste de la terre et couste devers le nort qu'il avoyt obmys à veoyr despuys la baye sainct Laurens pour aller veoyr la terre du su pour veoyr s'il y avoyt ancun passaige.

Chapitre II
Comment notre cappitaine fist retourner les navires en arryere jusques à avoyr congnoissance de la baye sainct Laurens pour veoyr s'il y avoit aucun passaige vers le nort

Le mercredy XVIIIe jour d'aoust notre cappitaine fist retourner les navires en arryere et mectre le cap à l'aultre bort et rangasmes ladite coste du nort qui gist nordest et surouaist faisant ung demy arc qui est une terre fort haulte non tant comme celle du su. Nous arrivasmes le jeudy a sept ysles moult haultes que nous nommasmes les ysles rondes lesquelles sont à envyron quarente lieues des terres du su et s'avansent hors à la mer troys ou quatre lieues le travers desquelles y a ung commancement de basses terres plaines de beaulx arbres lesquelles terres nous rangasmes le vendredy avec noz barques le travers desquelles y a plusieurs bancqs de sablon à plus de deulx lieues à la mer fort dongereulx lesquelz decuevrent de basse mer. Et au bout d'icelles basses terres qui contiennent envyron dix lieues y a une ripviere d'eau doulce sortente à la mer tellement que à plus d'une lieue de terre elle est aussi doulce que eaue de fontaine. Nous entrasmes en ladicte ripviere avecq noz barques et ne treuvasmes à l'entree que brasse et demye. Il y a dedans ladicte ripviere plusieurs poissons qui ont forme de chevaulx [phoques gris] lesquelz vont à la terre de nuyct et de jours à la mer ainsi qu'il nous fut dict par nos deulx hommes et de sesdits poissons vismes grand nombre dedans ladite ripviere.

   Le landemain XXIme jour dudict moys au matin à l'aube du jour fismes voille et fismes porter le long de ladite couste tant que nous eusmes congnoissance de la reste de ladite coste du nort que n'avyons veu et de l'isle de l'Assumption que nous avyons esté querir au partir de ladite terre. Et lors que nous fumes certains que ladite coste estoit rangee et qu'il n'y avoit nul passaige retournasmes à noz navires lesquelles es toient esdites sept ysles où il y a bonnes raddes à XVIII et à XX brasses et sablon. Auquel lieu avons esté sans pouvoyr sortir ny faire voille pour la cause des bruymes et ventz contraires jusques au XXIIIIe dudit moys que nous appareillasmes. Et avons esté par la mer chemin faisant jusques au XXIXe dudit moys que sommes arrivez à ung hable* de la coste du su lequel est envyron IIII^{XX} lieues desdites sept ysles et est le travers de troys ysles plattes qui sont par le parmy* du fleuve. Et envyron le my* chemyn desdites ysles et ledit hable* devers le nort y a une fort grande ripviere qui est entre les haultes et basses terres laquelle faict plusieurs bancqs à la mer à plus de troys lieues qui est un pays fort dongereulx et sonne* de deulx brasses et moins. Et à la choiste* d'iceulx bancqs treuverez vingt cinq et trente brasses bort à bort. Toute icelle coste du nort gist nord nordest et su surouaist.

Le hable* davant dict où posames qui est à la terre du su est hable* de maree et de peu de valleur. Nous le nommasmes les ysleaulx sainct Jehan parce que nous y arrivasmes le jour de la decollation dudit sainct. Et auparavant que arriver audit hable* y a une ysle à l'est d'icelluy environ cinq lieues où il n'y a poinct de passaige entre terre et elle que par basteaulx. Ledit hable* des ysleaux sainct Jehan asseche toutes les marees et y marine l'eau de deulx brasses. Et le meilleur lieu à mectre navires est vers le su d'un petit yslot qui est au parmy* dudict hable* bort audit yslot.

Nous appareillasmes dudit hable* le premier jour de septembre pour aller vers Canada et envyron quinze lieues dudit hable* à l'ouaist surouaist y a troys yslest au parmy* dudict fleuve le travers desquelles y a une ripviere fort profonde et courante qui est la ripviere et chemin du royaume et terre du Saguenay ainsi que nous a esté dict par noz hommes du pays de Canada. Et est icelle ripviere entre haultes montaignes de pierre nue sans y avoir que peu de terre. Ce non obstant y croist grande quantité d'arbres et de plusieurs sortes qui croissent sus ladite pierre nue comme sus bonne terre de sorte que y avons veu tel arbre suffisant à master navire de trente thonneaulx aussi vert qu'il soit possible lequel estoit sus un rocq sans y avoir aucune saveur de terre. À l'entrée d'icelle ripviere trouvasmes quatre barques de Canada lesquelz estoient là venuz pour faire pescherie de loups marins et aultres poissons et nous estans posez dedans ladite ripviere vynt deux desdites barques vers nosdits navires lesquelz venoient en une grande peur et craincte de sorte qu'il en sortit une et l'aultre aproucha pres qu'ilz peurent entendre l'un de noz sauvaiges qui se nomma et fict sa congnoissance et les fict venyr seurement à bort.

Le landemain deuxième jour dudit moys de septembre ressortimes hors de ladite ripviere pour faire le chemyn vers Canada et trouvasmes la maree fort courante et dongereuse pource que devers le su de ladite ripviere y a deux ysles à l'entour desquelles à plus de troys lieues n'y a que deulx et troys brasses semees de groz pierrons comme thonneaux et pippes* et les marees decepvantes* par entre lesdites ysles de sorte que cuydasmes* y perdre notre gallion synon le secours de nos barques. Et à la choiste* desdites plateys* y a de parfond trente brasses et plus. Passé ladite ripviere du Saguenay et lesdites ysles envyron cinq lieues vers le surouaist y a une aultre ysle vers le nort de laquelle y a de fort haultes terres le travers desquelles cuydasmes* poser l'ancre pour estaller l'ebbe* et n'y peusmes treuver le fons à VI^{XX} brasses à ung tret d'arc de terre en sorte que fumes contrainctz retourner vers ladite ysle où posames à trente cinq brasses et beau fons.

Le landemain au matin fismes voille et apareillasmes pour passer oultre et eusmes congnoissance d'une sorte de poissons desquelz il n'est memoire d'homme avoyr veu ny ouy. Lesdits poissons sont gros comme morhoux* sans aucun estocq avoir et sont assez faictz par le corps et teste de la façon d'un levrier aussi blancs comme neige sans aucune tache et y en a fort grand nombre dedans ledit fleuve qui vivent entre la mer et l'eaue doulce. Les gens du pays les nomment *adhothuys** et nous ont dict qu'ilz sont fort bons à menger et nous ont affermé n'y en avoir en tout ledit fleuve ny pays que en cest endroyt.

Le VIme jour dudict moys avec bon vent fismes courir amont ledit fleuve envyron quinze lieues et vinsmes poser à une ysle qui est bort à la terre du nort qui faict une petite baye et conche* de terre à laquelle il y a un nombre inestimable de grandes tortues lesquelles sont es envyrons de ladite ysle. Pareillement par ceulx du pays se faict es envyrons d'icelle grand pescherie desdits *adhothuys**. Il y a aussi grand courant es envyrons de ladite ysle comme davant Bordeaulx de flo et ebbe*. Icelle ysle contient envyron troys lieues de long et deux de laize* et est fort bonne terre et grasse plaine de beaulx et grandz arbres de plusieurs sortes. Et entre aultres y a plusieurs couldres* franches lesquelz nous trouvasmes fort chargez de nozilles* aussi grosses et de meilleur saveur que les nostres mays un peu plus dures et pour ce la nommasmes l'isle es Couldres.

Le VIIe jour dudict moys jour Notre Dame apres avoir ouy la messe nous partismes de ladite ysle pour aller amont ledit fleuve et vinsmes à quatorze ysles qui estoient distantes de ladite ysle es Couldres de sept à huict lieues qui est le commencement de la terre et prouvynce de Canada desquelles y en a une grande qui a envyron dix lieues de long et cinq de laize* en laquelle il y a gens demourant qui font grande pescherie de tous les poissons qui sont dedans ledit fleuve selon les saisons de quoy sera faict cy apres mention. Nous estans posez et à l'ancre entre icelle grande ysle et la terre du nort fusmes à terre et portasmes les deux hommes que nous avyons prins le precedent voiaige. Et trouvasmes plusieurs gens du pays lesquelz commancerent à fuyr et ne voullurent approcher jusques ad ce que nosdits deulx hommes commancerent à parler et leur dire qu'ilz estoient Taignoagny et Domagaya. Et lors qu'ilz eurent congnoissance d'eulx commancerent à faire grand chere danssant et faisant plusieurs serymonies et vindrent partye des principaulx à noz bateaulx et nous apporterent force anguilles et aultres poissons avec deux ou troys charges de gros mil qui est le pain de quoy ilz vivent en leur terre et plusieurs groz mellons. Et icelle journee vindrent à noz navires plusieurs barques dudit pays chargees de gens tant hommes que femmes pour veoir et faire chere à nosdits deux hommes lesquelz furent tous bien receuz par notre cappitaine qui les festoya de ce qu'il peulst et pour faire sa congnoissance leur donna aucuns petitz presens de peu de valleur desquelz se contentoyent fort.

Le landemain le seigneur de Canada nommé Donnacona en nom et l'appellent pour seigneur *agouhanna* vint avecques douze barques acompaigné de plusieurs gens devant noz navires puys en fict retirer aryere dix et vint seullement avecq deulx desdites barques à bort desdits navires acompaigné de XVI hommes. Et commança ledict *agouhanna* le travers du plus petit de noz navyres à faire une predication et preschement à leur modde en demenant son corps et membres d'une merveilleuse sorte qui est une serymonie de joye et asseurance. Et lors qu'il fut arrivé à la nef generalle où estoient lesdits Taignoagny et son compaignon parla ledit seigneur à eulx et eulx à luy et luy commancerent à compter ce qu'ilz avoient veu en France et le bon traictement qui leur avoyt esté faict. De quoy fut celluy seigneur fort joyeulx et pria notre cappitaine luy bailler ses braz pour les baiser et acoller qui est leur modde de faire chere en ladite terre. Et lors notredit cappitaine entra dedans la barque dudit *agouhanna* et commanda que on apportast pain et vin pour faire boyre et manger ledit seigneur et sa bande ce qui fut faict de quoy furent fort contens et pour lors ne fut aultre present faict audit seigneur attendant lieu et temps. Apres lesquelles choses ainsi faictes se despartirent les ungs des aultres et prindrent congé et se retira ledit seigneur en ses barques pour s'en aller à son lieu. Et pareillement notre cappitaine fit aprester noz barques pour passer oultre et aller amont ledit fleuve avecq le flo pour sercher hable* et lieu de saufveté* pour mectre noz navires. Et fumes oultre ledit fleuve envyron dix lieues coutoyant ladite ysle. Et au bout d'icelle trouvasmes ung affourcq* d'eaulx fort beau et plaisant auquel lieu y a une petite riviere et hable* de basre marinant de deux à troys brasses que trouvasmes lieu à nous propice pour mectre nosdictz navire à sauveté. Nous nommames ladite ripviere Saincte Croix pour ce que ledit jour y arrivasmes. Aupres d'icelluy lieu y a ung peuple dont est seigneur ledit Donnacona et y est sa demeurance qui se nomme Stadaconé qui est aussi bonne terre qu'il soit possible de veoir et bien fructifferante plaine de beaulx arbres de la nature et sorte de France, savoir chaisnes hourmes frennes noyers prunniers yfz seddrez vignes aubespines qui portent fruict aussi groz que prunes de Damas et aultres arbres soubz lesquelz croist de aussi bon chanvre que celluy de France lequel vient sans semance ny labour. Apres avoir visité ledit lieu et treuvé estre convenable se retira notre cappitaine et les aultres dedans les barques pour retourner es navires et ainsi que sortymes hors ladite ripviere trouvasmes au davant de nous l'ung des seigneurs dudit peuple de Stadaconé acompaigné de plusieurs gens tant hommes que femmes lequel seigneur commança à faire un preschement à la modde et façon du pays qui est de joye et asseurance et les femmes danssoient et chantoyent sans cesse lesquelles estoient en l'eaue jusques es genoilz. Notre cappitaine voyant leur bonne amour et bon voulloyr fict aprocher la barque où il estoit et leur donna des costeaulx et patenostres* de verre de quoy menerent une merveilleuse joye de sorte que nous estans despartiz d'avec eux distant d'une lieuë ou envyron les ouyons chanter dansser et mener feste de notre venue.

Chapitre III
Comment notre cappitaine retourna aux navires et alla veoir l'isle la grandeur et nature d'icelle et comme il fict mener lesdits navires à ladite ripviere Saincte Croix

Apres que nous fusmes arrivez avecq les barques esdits navires et retournez de la ripviere Saincte Croix notre cappitaine commanda aprester lesdites barques pour aller à terre à l'isle veoyr les arbres qui sembloyent fort beaulx et la nature de la terre d'icelle ysle ce qui fut faict. Et nous estans à ladite ysle la trouvasmes plaine de fort beaulx arbres comme chaisnes hourmes pins seddrez et aultres boys de la sorte des nostres et pareillement y trouvasmes force vignes ce que n'avions veu par cy davant à toute la terre. Et pour ce la nommasmes l'isle de Bascuz. Icelle ysle tient de longueur envyron douze lieues et est moult belle terre et unye mays est plaine de boys sans y avoir ancun labouraige fors qu'il y a aucunes petites maisons où ilz font pescherie comme par cy davant est faict mention.

Le landemain partismes avecq nosdits navires pour les mener audit lieu de Saincte Croix et y arrivasmes le landemain XIIIIe jour de septembre. Et vyndrent au davant de nous lesdits Donnacona, Taignouagny et Domagaya acompaignez de vingt cinq barques chargees de gens lesquelz venoyent dudit lieu d'où estions partiz et alloyent audit Stadaconé où est leur demourance et vindrent tous à noz navires faisant plusieurs signes de joye fors que noz deux hommes que avyons apportez savoir Taignoagny et Domagaya lesquelz estoient tous changez de propoz et de couraige* et ne voullurent entrer dedans nosdits navires non obstant qu'ilz en fussent plusieurs foys priez de quoy eusmes aucune deffiance. Notre cappitaine leur demanda s'ilz voulloient aller comme ilz luy avoient promys avecques luy à Hochelaga et ilz luy respondirent que ouy et qu'ilz estoient deliberez* y aller et lors chacun se retira.

Le landemain quinziesme jour dudit moys notre cappitaine avecq plusieurs alla à terre pour faire planter ballises et merches* pour plus seurement mectre les navires à saufveté*. Auquel lieu trouvasmes et se randirent au davant de nous plusieurs gens du pays et entre aultres ledit Donnacona noz deux hommes et leur bande lesquelz se tindrent appart soubs une poincte de terre qui est sur le bort dudit fleuve sans que aucun d'eux vint envyron nous comme les aultres qui n'estoyent de leur bande faisoient. Et apres que ledit cappitaine fut adverty qu'ilz y estoient commanda à partie de ses gens aller avecques luy et furent vers eulx soubz ladite poincte et trouverent lesdits Donnacona, Taignoagny et plusieurs aultres de leur bande et apres s'être entre saluez s'avança ledit Taignoagny de parler lequel dict audit cappitaine que leur seigneur Donnacona estoit marry dont ledit cappitaine et ses gens portoyent tant de bastons de guerre pour ce que de leur part n'en portoient nulz. A quoy respondit ledit cappitaine que pour sa marrisson ne laisseroit à les porter et que c'estoit la coustume de France et qu'il le savoit bien. Mais pour toutes les parolles ne laisserent notredit cappitaine et Donnacona à faire grand chere ensemble. Et lors apperseumes que ce que disoit ledit Taignoagny ne venoyt que de luy et son compaignon. Car avant despartir dudit lieu firent une asseurance notre cappitaine et seigneur de sorte merveilleuse car tout le peuple dudit Donnacona tous ensemble gecterent et firent troys criz à plaine voix que c'estoit chose horrible à houyr. Et à tant* prindrent congé les ungs des aultres et nous retirasmes à bort pour icelluy jour.

Et le landemain XVIme jour dudit moys nous mismes noz deux plus grandz navires dedans ledit hable* et ripviere où il y a de plaine mer troys brasses et de bas d'eaue demye brasse. Et fut laissé le gallion dedans la radde pour mener à Hochelaga. Et tout

incontinent que lesdits navires furent audit hable*
et assec ce treuverent davant lesdits navires lesdits
Donnacona, Taignoagny et Domagaya avecq plus
de cinq cens personnes tant hommes femmes que
enffans. Et entra ledit seigneur accompaigné de dix
ou douze des plus grandz personnaiges du pays lesquelz furent par ledit cappitaine et aultres receuz et
festoiez selon leur estat et leur fut donné ancuns
petiz presens. Et fut par Taignoagny dict audit cappitaine que le seigneur Donnacona estoit marry dont
il alloit à Hochelaga et que ledit seigneur ne voulloyt que luy qui parloit y allast avecques luy comme
il avoyt promys parce que la ripviere ne valloit riens.
Et lors notre cappitaine fict responce que pour tout
ce ne laisseroit y aller s'il luy estoit possible parce
qu'il avoit commandement du Roy son maistre aller
le plus avant qu'il seroyt possible mais si ledit
Taignoagny y voulloit aller comme il avoit promys
que on luy feroit present duquel il seroit content et
grande chere et qu'ilz ne feroient que aller veoyr
seullement ledit Hochelaga et puys retourner. A
quoy respondit ledit Taignoagny qu'il n'yroit poinct
et lors se retirerent en leurs maisons.

Et le landemain XVIIme jour dudit moys ledit Donnacona et les aultres revindrent comme davant et
apporterent force anguilles et aultres poissons de quoy
se faict grand pescherie audit fleuve comme sera cy
apres dict. Et lors qu'ilz furent arrivez davant nosdits
navires commancerent à chan ter et dansser comme
ilz avoient de coustume et apres qu'ilz eurent ce faict
fist ledit Donnacona mectre tous ses gens d'un cousté
et fict ung cerne sur le sablon et y fict mectre notre
cappitaine et ses gens et lors commança une grande

harangue tenant une fille de l'aige d'envyron dix ans en l'une de ses mains puys la vint presenter à notre cappitaine et lors tous les gens dudit seigneur se prindrent à faire troys cris en signe de joye et alliance. Et puis de rechef presenta deux petitz garçons de moindre aige l'un apres l'aultre desquelz firent telz cris et serimonyes que davant duquel present fut ledit seigneur par notre cappitaine remercyé. Et lors Taignoagny dist audit cappitaine que la fille estoit la propre fille de la seur dudit seigneur Donnacona et l'un des garçons frere de luy qui parloit et que on les luy donnoit sur l'intention qu'il n'allast poinct à Hochelaga. A quoy respondit ledit cappitaine que si on les luy avoit donnez sur ceste intention que on les reprint et que pour rien il ne laisseroit essaier aller audit Hochelaga pour ce qu'il avoit commandement de ce faire. Sur lesquelles parolles Domagaya compaignon dudit Taignoagny dist audit cappitaine que ledit seigneur luy avoit donné lesdits enffans par bonne amour et en signe d'asseurance et qu'il estoit content aller avecques ledit cappitaine audit Hochelaga. De quoy eurent grosses parolles lesdits Taignoagny et Domagaya. Lors aperseumes que ledit Taignoagny ne valloit rien et qu'il ne songeoit que trahison tant pour ce que pour aultres tours que luy avyons veu faire. Et sur ce ledit cappitaine fict mectre lesdits enffans dedans les navires et fict apporter deux espees ung grand bassin plain et ung ouvré à laver mains et en fict present audit Donnacona lequel fort s'en contenta et remercya ledit cappitaine et commanda à tous ses gens chanter et dansser et pria ledit cappitaine faire tirer une piece d'artillerye pour ce que lesdits Taignoagny et

Domagaya luy en avoient faict feste et aussi que jamays n'en avoyent veu ny ouy. A quoy respondit le cappitaine qu'il estoit content et commanda que on tirast une douzaine de barges* avec leur boulletz le travers du boys qui estoit jouxte lesdits navires. De quoy furent tous si estonnez qu'ilz panssoient que le ciel fust cheu seur heulx et se prindrent à huller* et hucher* si tres fort qu'il sembloit que enffer y fust vuydé. Et auparavant qu'ilz se retirassent ledit Taignoagny fict dire par interposees personnes que les compaignons du gallion qui estoient en la radde avoient tué deux de leurs gens de coups d'artillerye dont tous se retirerent à grand haste ainsi que si les eussions voullu tuer. Ce que ne se treuva verité car durant ledit jour ne fut dudit gallion tyré artillerye.

Chapitre IV
Comment lesdits Donnacona, Taignoagny et aultres songerent une finesse et firent habiller troys hommes en guyse de dyables faignans estre venuz de par Cudouagny leur Dieu pour nous empescher d'aller audit Hochelaga.

Le landemain XVIIIe jour dudit moys pour nous cuyder* tousjours empescher d'aller audit Hochelaga songerent une grand finesse qui fut telle. Ilz firent habiller troys hommes en la façon de troys diables lesquelz avoient des cornes aussi longues que le bras et estoient vestuz de peaulx de chiens blancs et noyrs et avoyent le visaige painct aussi noir que charbon et les firent mectre dedans une de leurs barques à notre non sceu. Et leur bande vint comme avoit de coustume au pres de noz navires et se tindrent dedans le boys sans eulx monstrer envyron deux heures actendant que l'eure et maree fust venue pour l'arryvee de ladite barque. A laquelle heure sortirent tous du boys et se presenterent davant lesdits navires sans eulx aprocher ainsi qu'ilz soulloient* faire. Et commança Taignoagny à saluer le cappitaine qui luy demanda s'il voulloyt avoir le batteau lequel respondit que non pour l'heure mays que tantost il entreroit dedans lesdits navires. Et incontinent arryva ladite barque où estoient lesdits troys hommes apparessent estre troys diables ayans de grandes cornes sur leurs testes et faisoit celluy du meilleu ung merveilleux sermon en venant et passerent le long de noz navires avecques leur barques sans aucunement tourner leur veue vers nous et allerent assener et donner en terre avec leurdite barque. Et tout incontinent ledit Donnacona avec ses gens prindrent ladite barque et lesdits troys hommes lesquelz s'estoient laissez cheoir au fond d'icelle comme gens mors et porterent le tout ensemble dedans le boys qui estoit distant d'un gect de pierre et ne demoura une seule personne davant nosdits navires que tous ne se retirassent dedans ledit boys. Et eulx estans retirez audit boys commancerent une predication et preschement que nous oyons de noz navires qui dura envyron demye heure. Apres laquelle sortirent lesdits Taignoagny et Domagaya dudit boys marchans vers nous ayans les mains joinctes et leurs chappeaulx soubz leurs coddes faisant une grande admyration. Et commança ledit Taignoagny à dire et proferer par troys fois «Jesus Jesus Jesus» levant les yeulx vers le ciel et puys Domagaya commança à dire «Jesus Maria Jacques Cartier» regardant le ciel comme l'aultre. Et le cappitaine voyant leurs mynes et serymonies leur commança à demander qu'il y avoit et que c'estoit qui estoit survenu de nouveau. Lesquelz respondirent qu'il y avoit de piteuses nouvelles en disant «Nenny est il bon» Et ledit cappitaine leur demanda de rechef que c'estoit. Et ilz luy commancerent à dire que leur Dieu nommé Cudouagny avoit parlé à Hochelaga et que les troys hommes devant ditz estoient venuz de par luy leur anoncer les nouvelles qu'il y auroit tant de glasses et neiges qu'ilz mourroient tous. Desquelles parolles nous prinsmes tous à rire et leur dire que Cudouagny n'estoit que ung sot et qu'il ne savoyt qu'il disoit et qu'ilz le dissent à ses messagiers et que Jesus les garderoit bien de froit s'ilz luy voulloient croyre. Lors lesdits Taignoagny et Domagaya demanderent au cappitaine s'il avoit parlé à Jesus et il leur respondit que ses prebstres y avoient parlé et qu'il feroit beau temps. De quoy remercierent fort ledit cappitaine et s'en retournerent dedans le boys dire les nouvelles es aultres lesquelz sortirent dudit boys tout incontinent faignans estre joieulx des parolles par le cappitaine dictes. Et pour montrer qu'ilz en estoient joieulx tout incontinent qu'ilz furent davant les navires commancerent d'une commune voix à faire troys criz et hullemens* qui est leur signe de joye et se prindrent à dansser et chanter comme avoyent de coustume. Mais pour resolution lesdits Taignoagny et Domagaya dirent audit cappitaine que ledit Donnacona ne voulloit poinct que nul d'eulx allast audit Hochelaga avecques luy s'il ne bailloyt plaige qui demourast à terre avec ledit Donnacona. A quoy leur respondit le cappitaine que s'ilz n'estoient deliberez* y aller de bon couraige* qu'ilz demourassent et que pour eulx ne laysseroyt mectre peyne y aller.

Chapitre V
Comment le cappitaine et tous les gentilzhommes avec cinquante mariniers partirent de la prouvynce de Canada avecq le gallion et les deux barques pour aller à Hochelaga et de ce qui fut veu entre deux sur ledit fleuve.

Le landemain dixneufviesme jour dudit moys de septembre comme dict est nous appareillasmes et fismes voille avec le gallion l'*Emérillon* et les deulx barques pour aller avecques la maree amont ledit fleuve où trouvasmes à veoyr des deulx coustez d'icelluy les plus belles et meilleures terres qu'il soyt possible de veoyr aussi unyes que l'eaue plaines des beaulx arbres du monde et tant de vygnes chargees de raisins le long dudit fleuve qu'il semble myeulx qu'elles ayent esté plantees de main d'homme que aultrement; mays pour ce qu'elles ne sont cultivees ny taillees ne sont lesdits raisins si doulx ni si groz comme les nostres. Pareillement trouvasmes grand nombre de maisons sur la rive dudit fleuve lesquelles sont habitees de gens qui font grande pescherye de tous bons poissons selon les saisons lesquelz gens venoyent à noz navires d'aussi grand amour et privaulté que si eussions esté du pays nous apportant force poisson et de ce qu'ilz avoient pour avoir de notre marchandise tendans les mains au ciel et faisant plusieurs signes de joye. Et nous estans posez envyron vingt cinq lieues de Canada en ung lieu nommé Achelacy qui est ung destroit dudit fleuve fort courant et dangereux tant de pierres que d'aultres choses et là vindrent plusieurs barques à bort et entre aultres y vint ung grand seigneur dudit pays qui fit ung grand sermon en venant et arryvant à bort monstrant par signes evidens avecq les mains et aultres serymonyes que ledit fleuve estoit ung peu plus amont fort dangereulx nous advertissant de nous en donner garde. Et presenta celluy seigneur au cappitaine deulx de ses enffans à dom et print ledit cappitaine une fille de l'aige d'envyron huict à neuf ans et reffusa ung petit garçon de deux ou troys ans pource qu'il estoit trop petit. Ledit cappitaine festiva* ledit seigneur et sa bande de ce qu'il peulst et luy donna ancuns petitz presens de quoy remercia ledit seigneur le cappitaine puis s'en allerent à terre. Despuys sont venuz celluy seigneur et sa femme jusques à Canada veoir leur fille et apporter aucun petit present au cappitaine. Dempuis ledit XIXme jour jusques au XXVIIIe dudit moys nous avons esté navigans amont ledit fleuve sans perdre heure ny jour durant lequel temps avons veu et treuver d'aussi beau pays et terres aussi unies que l'on sauroit desirer plaines des beaux arbres du monde savoyr chaisnes hourmes noyers pins seddres pruches* frennes boulz* sauldres oziers et force vignes qui est le meilleur qui avoient si grande quantité de raisins que les compaignons en venoyent tous chargez à bort. Il y a pareillement force grues signes oultardes ouayes cannes allouettes faisans perdrix merles maulvys* turtres* chardonnereulx seryns rossignolz et aultres oiseaulx comme en France et en grand habondance.

Ledict XXVIIIe jour de septembre nous arryvasmes à un grand lac et pleine dudit fleuve large de envyron cinq ou six lieues et douze de long et navigasmes celluy jour amont ledit lac sans treuver par tout icelluy que deulx brasses de parfond esgallement sans haulser ny baisser. Et nous arrivant à l'ung des boutz dudit lac ne nous aparessoit ancun passaige ny sortye mays nous sembloyt icelluy estre tout cloz sans aucune ripviere et ne trouvasmes audit bout que brasse et demye dont nous convynt poser et mectre l'ancre hors et aller sercher passaige avecq nos barques; et trouvasmes qu'il y a quatre ou cinq rivières toutes sortentes dudit fleuve en icelluy lac et venantes dudit Hochelaga mais en icelles ainsi sortentes y a basres et traverses faictes par le cours de l'eaue où il n'y avoit pour lors qu'une brasse de parfond. Et lesdites barres passees y a quatre et cinq brasses qui estoit le temps des plus petites eaues de l'annee ainsi que nous vismes par les flotz desdites eaues qu'elles croissent de plus de deulx brasses de pic. Toutes icelles ripvieres circuyssent* et envyronnent cinq ou six belles ysles qui font le bout d'icelluy lac et puys se rassemblent envyron quinze lieues amont toutes en une. Celluy jour fumes à l'une d'icelles où trouvasmes cinq hommes qui prenoient des bestes sauvaiges lesquelz vindrent aussi privement à noz barques que si nous eussent veu toute leur vye sans avoyr peur ny craincte. Et nosdites barques arryvees à terre l'un d'iceulx hommes print le cappitaine entre ses bras et le porta à terre aussi liegerement comme si s'eust esté ung enffant de cinq ans tant estoit celluy homme fort et grant. Nous leur trouvasmes un grand monceau de ratz qui vont en l'eaue lesquelz sont groz comme connyns* et fort bons à manger desquelz firent present audit cappitaine qui leur donna des cousteaulx et patenostres* pour recompense. Nous leur demandasmes par signes si c'estoit le chemyn de Hochelaga. Ilz nous monstrerent que ouy et qu'il y avoit encores troys journees à y aller.

Chapitre VI

Comment le cappitaine fict acoustrer les bacques pour aller à Hochelaga et laisser le gallion pour la difficulté du passaige et comment nous arryvasmes audit Hochelaga et le raqueil que le peuple fict à notre arryvee

Le landemain notre cappitaine voyant qu'il n'estoit possible de pouvoir pour lors passer ledit gallion fist avictailler et acoustrer les barques et mectre victailles pour le plus de temps qu'il fut possible et que lesdites barques en peurent accueillir. Et ce partyt avecques icelles acompagné de partye des gentilzhommes savoir de Claude du Pontbriand eschansson de monseigneur le daulphain Charles de la Pommeraye Jehan Gouyon avecques vingt huict mariniers y comprins Macé Jalobert et Guillaume Le Breton ayans la charge soubz ledit cappitaine des deulx aultres navires pour aller amont ledit fleuve au plus loing qu'il nous seroyt possible. Et navigasmes de temps à gré* jusques au deuxième jour d'octobre que nous arrivasmes audit Hochelaga qui est distant du lieu où estoit demeuré le gallion de envyron quarente cinq lieues auquel temps et chemin faisant trouvasmes plusieurs gens du pays lesquelz nous apportoient du poisson et aultres victailles danssant et menant grand joye de notre venue. Et pour les attraire* et tenir en amityé avecques nous leur donnoit le cappitaine des costeaulx pour recompance desquelz estoient fort contens. Et nous arrivez audit Hochelaga se randirent au davant de nous plus de mil personnes tant hommes femmes que enffans lesquelz nous firent aussi bon racueil que jamais pere fist à enffant menant une joye merveilleuse. Car les hommes en une bande danssoient les femmes de leur part et les enffans de l'aultre. Et nous apporterent force poisson et de leur pain faict de groz mil qu'ilz gectoient dedans noz barques en sorte qu'il sembloyt qu'il tombast de l'ayr. Notre cappitaine voyant ce descendit à terre avecq plusieurs de ses gens et sitost qu'il fut descendu se assemblerent tous sur luy et sur les aultres en faisant une chere inestimable. Lesquelz apportoient leurs enffans à brassees pour les faire toucher audit cappitaine et es aultres en faisant une feste qui dura plus de demye heure. Et voyant notre cappitaine leur largesse et bon racqueil fict asseoir et ranger toutes les femmes et leur donna certaines patenostres* d'estaing et aultres menues besoingnes et à partye des hommes des cousteaulx. Puis se retira à bort desdites barques pour soupper et passer la nuyct durant laquelle demoura icelluy peuple sur le bord dudit fleuve au plus pres desdites barques faisant toute nuyct plusieurs feuz et dansses en disant à toutes heures *agguyase* qui est leur dire de salut et joye.

Chapitre VII
Comment le cappitaine et les gentilzhommes avec XXV hommes bien armez et en bonne ordre allerent à la ville de Hochelaga et la scituation dudit lieu

Le landemain au plus matin le cappitaine se acoustra et fict mectre ses gens en ordre pour aller veoir la ville et demourance dudit peuple et une montaigne

qui est jacente à leurdite ville où allèrent avecques
ledit cappitaine les gentilzhommes et vingt mariniers
et laissa le parsus* pour la garde des barques et print
troys hommes de ladite ville de Hochelaga pour les
mener et conduyre audit lieu. Et nous estans en chemyn le trouvasmes aussi battu qu'il soit possible de
veoyr et des plus belles terres du monde plaines de
chaisnes aussi beaulx qu'il y ait en forest de France
soubz lesquelz estoit la terre couverte de glan. Et
nous ayans marché envyron lieue et demye trouvasmes sur le chemin l'un des principaulx seigneurs
de ladite ville de Hochelaga acompaigné de plusieurs personnes lequel nous fict signe qu'il se failloit reposer audit lieu pres ung feu qu'ilz avoient
faict audit chemyn ce que fismes. Et lors commança
ledit *agouhanna* à faire ung sermon et preschement
comme cy davant est dict estre leur coustume de faire
joye et congnoissance en faisant icelluy seigneur
chere audit cappitaine et sa compaignye. Lequel cappitaine luy donna une couple de haches et une couple de cousteaulx avecq une croix et remembrance
de crucifix qu'il luy fict baiser et la luy pendict au col
de quoy rendyt graces audit cappitaine. Ce faict marchasmes plus oultre et envyron demye lieue de là
commançasmes à trouver les terres labourees et belles
grandes champaignes* plaine de blez de leur terre
lequel est comme mil de Brazil aussi groz ou plus que
poix duquel vivent ainsi que nous faisons du froument. Et au parmy* d'icelles champaignes* est
scituee et assise la ville de Hochelaga pres et joignant
une montaigne qui est alentour d'icelle labouree et
fort fertille de dessus laquelle on veoyt fort loing.
Nous nommasmes icelle montaigne le mont Royal.

Ladicte ville est toute ronde et cloze de boys à troys rancqs en façon d'un piramyde croizee par le hault ayant la rangee du parmy* en façon de ligne perpendicullaire puys rangee de boys couchez du long bien joings et cousuz à leur modde et est de hault envyron deux lances. Et n'y a en icelle ville qu'une porte et entree qui ferme à barres sur laquelle et en plusieurs endroicts de ladite closture y a manieres de galleryes et eschelles à y monster qui sont garnyes de rochiers et cailloux pour la garde et deffence d'icelle. Il y a dedans ladite ville envyron cinquante maisons longues de envyron cinquante pas chacune et douze ou quinze pas de laize* et toutes faictes de boys couvertes et garnies de grandes escorses et pellures desdits boys aussi larges que tables bien cousues artifficiellement selon leur modde et par dedans icelle y a plusieurs aistres* et chambres. Et au meilleu d'icelles maisons y a une grande salle par terre où ilz font leur feu et vivent en communaulté puys se retirent en leursdites chambres les hommes avecques leurs femmes et enffans. Et pareillement ont greniers au hault de leurs maisons où mectent leur blé duquel ilz font leur pain qu'ilz appellent *carraconny* et le font en la sorte cy apres. Ilz ont des pilles de boys comme à piller chanvre et battent avecques pillons de boys ledit blé en pouldre puis l'amassent en paste et en font torteaulx lesquelz ilz mectent sus une pierre large qui est chaulde puis les cuevrent de cailloux chaudz et ainsy cuisent leur pain en lieu de four et pareillement font force potaiges dudit blé et de febves et poix desquelz ilz ont assez et aussi de grosses concombres et aultres fruictz. Ilz ont aussi de grandz vaisseaulx comme thonnes en leurs maisons où ilz mectent leur poisson lequel ilz sechent à la fumée durant l'esté et en vyvent l'yver et dudit poisson font ung grand amas comme avons veu par experience. Tout leur vivre est sans aucun goust de sel. Ilz couchent sus escorces de boys estandues sur la terre avec meschantes couvertures de peaulx de quoy font leur vestemens savoyr de loueres* byevres* martres regnardz chatz sauvaiges dyns serfz et aultres sauvagines mais l'une partye sont quasi tous nudz. La plus precieuse chose qu'ilz ayent en ce monde est *esnoguy** lequel est blanc comme neif* et le prennent audit fleuve en cornibotz* en la maniere qui ensuyt. Quant un homme a desservy* mort ou qu'ilz ont prins aucuns ennemys à la guerre ilz le tuent puis l'incizent par les fesses et cuisses et par les bras jambes et espaulles à grandes taillades puys es lieux où est ledit *esnoguy** avallent ledit corps au fondz de l'eaue et le laissent dix ou douze heures puys le retirent à mont et treuvent dedans lesdites taillades et incizures lesdits cornibotz* desquelz ilz font manieres de patenostres* et de ce usent comme nous faisons d'or et d'argent et le tiennent la plus precieuse chose du monde. Il a la vertu d'estancher le sang des nazilles* car nous l'avons experimenté. Tout cedit peuple ne s'adonne que à labouraige et pescherye pour vivre car des biens de ce monde ne font compte pour ce qu'ilz n'en ont congnoissanceet aussi qu'ilz ne bougent de leur pays et ne sont ambulataires* comme ceulx de Canada et du Saguenay non obstant que lesdits Canadians leur soyent subgectz avecques VIII ou IX aultres peuples qui sont sur ledit fleuve.

Chapitre VIII

Comment nous arryvasmes à ladite ville et de la reception qui nous y fut faicte et comment le cappitaine leur fict des presens et aultres choses que ledit cappitaine leur fict comme sera veu en ce chappitre

Ainsi comme fumes arrivez au pres d'icelle ville se randirent au davant de nous grand nombre des habitans d'icelle qui à leur façon de faire nous firent bon racqueil. Et par noz guides et conducteurs fumes menez au meilleu d'icelle ville où il y a une grand place entre les maisons spacieuse d'un gect de pierre en carré ou envyron lesquelz nous firent signe que nous arrestacions audit lieu ce que fismes. Et tout soubdain s'assemblerent toutes les femmes et filles de ladite ville dont l'une partye estoient chargees d'enffans entre leurs braz lesquelles nous vindrent frocter le visaige braz et aultres endroictz de dessus le corps où ilz pouvoyent toucher pleurant de joye de nous veoyr nous faisant la meilleure chere qu'il leur estoit possible en nous faisant signes qu'il nous pleust toucher à leursdits enffans. Apres lesquelles choses faictes les hommes firent retirer les femmes et se assirent sur la terre tout alentour de nous comme si eussions voullu jouer ung mistere. Et tout incontinent revyndrent plusieurs qui apporterent chacune une natte carree en façon de tapisserie et les estandirent sus la terres au meilleu de ladite place et nous firent mectre sus icelles. Apres lequelles choses fut apporté par neuf ou dix hommes le roy et seigneur du pays qu'ilz appellent en leur langue *agouhanna* lequel estoit assiz sus une grande peau de serf et le vindrent poser dedans ladite place sus lesdites nattes aupres du cappitaine en faisant signe que c'estoit leur seigneur. Cestuy *agouhanna* estoit de l'aige d'envyron cinquante ans et n'estoit poinct mieulx acoustré que les aultres fors qu'il avoyent alentour de sa teste une maniere de liziere rouge pour sa couronne faicte de poil d'herisson et estoit celluy seigneur tout percluz et malade de ses membres. Apres qu'il eut faict son signe de salut audit cappitaine et à ses gens en leur faisant signes evidens qu'ilz fussent les bien venuz il monstra ses braz et ses jambes audit cappitaine luy disant qu'il luy pleust les toucher comme s'il luy eust demandé garison et santé. Et lors ledit cappitaine commança à luy frotter les braz et jambes avecq les mains. Adoncq ledit *agouhanna* print la liziere et couronne qu'il avoit sus la teste et la donna audit cappitaine et tout incontinent furent amenez audit cappitaine plusieurs malades comme aveugles bourgnes boisteulx impotens et gens si tres vieulx que les paupieres des yeulx leur pendoyent sus les joues les seyant et couchant aupres dudit cappitaine pour les toucher tellement qu'il sembloyt que Dieu fust là descendu pour les guerir.

Ledict cappitaine voyant la pitié et foy de cedit peuple dist l'Euvangille sainct Jehan savoyr l'*Im principio* faisant le signe de la croix sus les pouvres malades priant Dieu qu'il leur donnast cognoissance de notre saincte foy et de la passion de Notre Saulveur et grace de recouvrer chrétienté et baptesme. Et puis ledit cappitaine print une paire d'heures et tout haultement leut de mot à mot la Passion de Notre Seigneur si que tous les assistans la peurent ouyr où tout ce pouvre peuple fist une grande sillance et furent merveilleusement bien entendibles regardant le ciel et faisant pareilles serymonies qu'ilz nous veoyent faire. Apres laquelle fist le cappitaine ranger tous les hommes d'un cousté les femmes d'un aultre et les enffans d'aultre et donna aux principaulx des hachotz es aultres des cousteaulx et es femmes des patenostres* et aultres menues choses puys gecta parmy la place entre les enffans des petites bagues et *agnuz dei* d'estaing desquelz firent une merveilleuse joye. Ce faict ledit cappitaine commanda sonner les trompettes et aultres instrumens de musique de quoy ledit peuple fut fort resjouy. Apres lesquelles choses nous prinsmes congé et nous retirasmes. Voyant ce les femmes se mirent au davant de nous pour nous arrester et nous apporterent de leurs vivres lesquelz ilz nous avoyent apprestez comme poisson potaiges febves pain et aultres choses pour nous cuyder* faire repaistre et dîner audit lieu. Et pource que lesdits vivres n'estoient à notre goust et qu'il n'y avoit goust de sel les remerciasmes leur faisant signe que n'avyons besoing de repaistre.

Apres que nous fumes sortiz de ladite ville fumes conduictz par plusieurs hommes et femmes sus la montaigne davant dicte qui est par nous nommée Mont Royal distant dudit lieu d'un cart de lieue. Et nous estans sus ladite montaigne eusmes veue et congnoissance de plus de trente lieues à l'envyron d'icelle dont il y a vers le nort une rangee de montaignes qui sont est et ouaist gisantes et autant devers le su. Entre lesquelles montaignes est la terre la plus belle qu'il soit possible de veoyr labourable unye et plaine. Et par le meilleu desdites terres voyons ledit fleuve oultre où estoient demorees noz barques où il y a ung sault d'eaue le plus impetueulx qu'il soit possible de veoir lequel ne nous fut possible de passer et voyons icelluy fleuve tant que l'on pouvoit regarder grant large et spacieulx lequel alloit au surouaist et passoit par aupres de troys belles montaignes rondes que nous voyons et estimyons qu'elles estoient à envyron quinze lieues de nous. Et nous fut dict et monstré par signes par les troys hommes qui estoient presens qu'il y avoit troys ytieulx sautz d'eaue audit fleuve comme celluy où estoient nosdites barques; mais nous ne peusmes entendre quelle distance il y avoit entre l'un et l'aultre. Et puys nous monstroient que lesdits saultz passez l'on pouvoyt naviguer plus de troys lunes par ledit fleuve. Et oultre nous monstroient que le long desdites montaignes estans vers le nort y a une grand ripviere qui descend de l'occident comme ledit fleuve. Nous estimons que c'est la ripviere qui passe par le royaume et prouvince du Saguenay et sans que nous leur fissions aucune demande et signe prindrent la chaisne du sifflet du cappitaine lequel est d'argent et ung manche de pongnard qui est de laton jaune comme or lequel pendoyt au costé de l'un de noz mariniers et monstrerent que cela venoyt d'amont ledit fleuve et qu'il y avoit des *agojuda* qui est à dire mauvaise gens lesquelz estoient armez jusques sus les doigtz nous monstrant la façon de leurs armures qui sont de cordes et boys lassees et tissues ensemble nous donnant à entendre que lesdils *agojuda* menoyent la guerre continuelle les ungs es aultres mays par deffault de langue ne peusmes avoir congnoissance combien il y avoit jusques audit pays. Le cappitaine leur monstra du cuyvre rouge lequel ilz appellent *caignetdazé* leur monstrant vers ledit lieu et demandant par signe s'il venoyt de là et ilz commencerent à secourre la teste disant que non et monstrerent qu'il venoyt du Saguenay qui est au contraire du precedent. Apres lesquelles choses ainsi veues et entendues nous retirasmes à noz barques qui ne fut sans avoir conduicte de grand nombre dudit peuple dont partie d'eulx quant voyoient noz gens laz les chargeoient sus eulx comme sus chevaulx et les portoient. Et nous arrivez à nosdictes barques fismes voille pour retourner à notre gallion pour doubte qu'il n'eust aucun ancombrier*. Lequel partement ne fut sans grand regret dudit peuple car tant qu'ilz nous peurent suyvre aval* ledit fleuve ilz nous suyverent. Et tant fismes que nous arrivasmes à notredit gallion le lundy quatriesme jour d'octobre.

Le mardy cinquiesmejour dudit moys nous fysmes voille et appareillasmes avecques notredit gallion et barques pour retourner à la prouvynce de Canada au port de Saincte Croix où estoient demourez nosdits navires. Et le septiesme nous vinsmes poser le travers d'une ripviere qui vient devers le nort sortente audit fleuve à l'entree de laquelle il y a quatre petites ysles plaines d'arbres. Nous nommasmes icelle ripviere la ripviere de Fouez. Et pour ce que l'une d'icelles ysles s'avance audit fleuve et la voyt on de loing fict ledit cappitaine planter une belle grande croix sur la poincte d'icelle et commanda aprester les barques pour aller avecq maree dedans ladite ripviere pour veoyr la nature d'icelle ce que fut faict. Et nagerent* celluy jour amont ladite ripviere mays pource qu'elle fut treuvee de nulle experiance ny parfonde retournerent et appareillasmes pour aller aval*.

Chapitre IX

Comment nous arrivasmes audit hable* de
Saincte Croix et l'ordre comme nous trouvasmes noz
navires et comme le seigneur du pays vynt veoyr le
cappitaine et comme ledit cappitaine l'alla veoyr et
partye de leur coustume en particulier

Le lundy unziesme jour d'octobre nous arrivasmes au hable* de Saincte Croix où estoient noz navires et trouvasmes que les maistres et mariniers qui estoient demourez avoyent faict un fort davant lesdits navires tout cloz de grosses pieces de boys plantees de bout joignant les unes es aultres et tout alentour garny d'artillerye et bien en ordre pour se deffendre contre tout le pays. Et tout incontinent que le seigneur du pays fut adverty de notre venue vynt le landemain XIIe dudit moys accompaigné de Taignoagny Domagaya et plusieurs aultres pour veoyr notre cappitaine et luy firent une merveilleuse feste faignans estre joyeulx de sa venue. Lequel pareillement leur fict assez bon raqueil touttefoys qu'ilz ne l'avoyent pas desservy*. Ledit Donnacona pria le cappitaine de l'aller veoyr à Canada ce que luy promist ledit cappitaine. Et le landemain XIIIe jour dudit moys ledit cappitaine avecques les gentilzhommes acompaignez de cinquante compaignons bien en ordre allerent veoyr ledit Donnacona et son peuple qui est distant du lieu où estoient noz navires de demye lieue et se nomme leur demourance Stadaconé. Et nous arrivez audit lieu vindrent les habitans au davant de nous loing de leur maisons d'un gect de pierre ou mieulx et là se rangerent et assirent à leur modde et façon de faire les hommes d'une part et les femmes et filles de l'aultre debout chantant et danssant sans cesse. Et apres qu'ilz s'entrefurent saluez et faict chere les ungs es aultres ledit cappitaine donna aulx hommes des cousteaulx et aultres choses de peu de valleur et fict passer toutes les femmes et filles par davant luy et leur donna à chacune une bague d'estaing. De quoy remercierent ledit cappitaine lequel fut par Donnacona et Taignoagny mené veoyr leur maisons lesquelles estoient bien estorees* de vivres selon leur sorte pour passer leur yver. Et nous fut par ledit Donnacona monstré les peaulx de cinq testes d'hommes estandues sus du boys comme peaulx de parchemyn et nous dict que c'estoient des Toudamans de devers le su qui leur menoyent continuellement la guerre et nous fut dict qu'il y a eu deux ans passez que lesdits Toudamans les vindrent assallir jusques dedans ledit fleuve à une ysle qui est le travers du Saguenay où ilz estoient à passer la nuyct tendans aller à Honguedo leur mener guerre avecques envyron deux cens personnes tant hommes femmes que enffans lesquelz furent surprins en dormant dedans ung fort qu'ilz avoient faict où myrent lesdits Toudamans le feu tout alentour et comme ilz sortoient les tuerent tous reservé cinq qui eschapperent. De laquelle destrouce* se plaignoyent encore fort nous monstrant qu'ilz en auroyent vengeance. Apres lesquelles choses veues nous retirasmes à noz navires.

Chapitre X
De la façon de vivre du peuple de ladite terre et de certaines condictions creance et façon de vivre qu'ilz ont

Cedict peuple n'a aucune creance de Dieu qui vaille

car ilz croyent en ung qu'ilz appellent Cudouagny
et disent qu'il parle souvent à eulx et leur dict le
temps qu'il doyt faire et dyent que quant il se cour-
rouce à eulx qu'il leur gecte de la terre aux yeulx.
Ilz croyent aussi que quant ilz trespassent qu'ils vont
es estoilles puys viennent baissant en l'orison comme lesdites estoilles et s'en vont en beaulx champs
vers plains de beaulx arbres fleurs et fruictz sump-
tueux. Apres qu'ilz nous eurent donné cesdites
choses à entendre nous leur avons remonstré leur
herreur et dict que leur Cudouagny est ung maulvays esperit qui les abbuze et qu'il n'est qu'un Dieu
qui est au ciel lequel nous donne tout et est createur de toutes choses et que en cestuy devons croyre
seullement et qu'il fault estre baptizés ou aller en
enffer. Et leur fut remonstré plusieurs aultres choses
de nostre foy ce que facillement ilz ont creu et appellé leur Cudouagny *agojuda* tellement que plusieurs
foys ont prié le cappitaine les faire baptizer et y sont
venuz ledit seigneur Donnacona et tout le peuple
de leur ville pour le cuyder* estre mais parce que
ne savyons leur intencion et couraige* et qu'il n'y
avoit qui leur remonstrast la foy pour lors fut prins
excuse vers eulx et dict à Taignoagny et Domagaya
qu'ilz leur fissent entendre que nous retournerions
ung aultre voiaige et apporteryons des prebstres et
du cresme en leur donnant à entendre pour excuse
que l'on ne peult baptizer sans ledit cresme se qu'ilz
croyent parce que plusieurs enffans ont veu baptizer en Bretaigne. Et de la promesse que leur fict le
cappitaine de retourner furent fort joyeulx et le
remercyerent.

Cedict peuple vyt quasi en communauté de biens assez de la sorte des Brizillans et sont tous vestuz de peaulx de bestes sauvaiges et assez pouvrement. L'yver ilz sont chaussez de chausses et solliers et l'esté vont nudz piedz. Ilz gardent l'ordre de mariaige fors que les hommes prennent deux ou troys femmes. Et dempuis que le mary est mort jamays les femmes ne se remaryent ains* font le deul de ladite mort toute leur vye et se taignent le visaige de charbon noir pillé et de gresse espetz comme le dotz d'un cousteau et à cela connoist on qu'elles sont veufves. Ilz ont une aultre coustume fort mauvaise de leurs filles car despuis qu'elles sont d'aige d'aller à l'homme elles sont toutes mises en une maison de bordeau habandonneez à tout le monde qui en veult jusques ad ce qu'elles ayent treuvé leur party. Et tout ce avons veu par experiance car nous avons veu les maisons plaines desdites filles comme est une escolle de garçons en France. Et davantaige* le hazard selon leur modde tient esdites maisons où ilz jouent tout ce qu'ilz ont jusques à la couverture de leur nature. Ilz ne sont point de grand travail et labourent leur terre avecques petitz boys comme de la grandeur d'une demye espee où ilz font leur blé qu'ilz appellent *ozisy* lequel est gros comme poix et de semblable blé en croyst assez au Brezil. Pareillement ilz ont assez de groz mellons concombres courges poix et febves de toutes coulleurs non de la sorte des nostres. Ilz ont aussi une herbe de quoy ilz font grand amas durant l'esté pour l'yver laquelle ilz estiment fort et en usent les hommes seullement en la façon qui ensuyt. Ilz la font secher et la portent à leur col en une petite peau de beste en lieu de sac avecques un cornet de pierre ou de boys puys à toute heure font pouldre de ladite herbe et la mectent à l'un des boutz dudit cornet et mectent ung charbon de feu dessus et sussent par l'aultre bout tant qu'ilz s'amplent le corps de fumee tellement qu'elle leur sort par la bouche et par les nazilles* comme par un tuyau de chemynee et disent que cela les tient sains et chaudement et ne vont jamais sans avoir sesdites choses. Nous avons esprouvé ladite fumee apres laquelle avoyr mys dedans notre bouche semble y avoir mys de la pouldre de poivre tant est chaulde. Les femmes dudit pays travaillent sans comparaison plus que les hommes tant à la pescherie de quoy font grand faict que au labour et aultres choses. Et sont tant hommes femmes que enffans plus durs que bestes au froyt car de la plus grand froydure que ayons veu laquelle a esté merveilleuse et aspre venoyent par dessus les glasses et neiges tous les jours à noz navires la pluspart d'eulx quasi tous nudz qui est chose increable qui ne l'a veu. Ilz prennent durant lesdites glasses et neiges grand quantité de bestes sauvaiges comme dyns serfz ours martres regnardz loueres* et aultres mays ne nous en ont gueres apporté pource qu'ilz sont fort gormans et villains de leurs vivres. Ilz mangent leur chair toute crue apres avoyr esté sechee à la fumee et semblablement leur poisson. Ad ce que nous avons congneu et peu entendre de cedit peuple il me semble qu'il seroyt aisé à dompter en telle façon et maniere que l'on vouldroit. Dieu par sa saincte misericorde y veulhe mectre son regard. Amen.

Chapitre XI

Comment ledit peuple de jour en aultre nous apportoient du poisson et de ce qu'ilz avoyent à noz navires et comme par l'advertissement de Taignoagny et Domagaya ledit peuple se retira de y venyr et comme il y eut aucun discort entre eulx et nous.

Et despuis de jour en aultre venoyt ledit peuple à noz navires et apportoient force anguilles et aultres poissons pour avoir de nostre marchandise de quoy leur estoit donné cousteaulx allaisnes patenostres* et aultres menues choses de quoy se contentoient fort mays nous appersumes que les deulx meschans que nous avyons apportez leur disoient et donnoyent à [entendre] que ce que leur baillons ne valloit rien et qu'ilz auroient aussi tost des hachotz pour ce qu'ilz nous donnoyent comme des cousteaulx non obstant que le cappitaine leur eust faict beaucoup de presens et si ne cessoient à toutes heures de luy demander. Et fut ledit cappitaine adverty par ung seigneur de la ville de Hagouchonda qui luy avoit donné une petite fille en allant à Hochelaga qu'il se donnast garde de Donnacona et desdictz Taignoagny et Domagaya et qu'ilz estoient *agojuda* qui est à dire traistres et meschans. Et aussi en fut adverty par ancuns dudit Canada. Et aussi que nous apersumes de leur malice parce qu'ilz voullurent retirer les troys enffans que ledit Donnacona avoit donnez audit cappitaine et de faict firent fuyr la plus grande des filles des navires. Apres laquelle ainsy fuye fict ledit cappitaine prendre garde aulx aultres et par l'advertissement desdictz Taignoagny et Domagaya se abstinerent et depporterent* lesdits Canadians de venyr avecq nous quatre ou cinq jours synon aulcuns* qui venoyent en grande peur et craincte.

Chapitre XII
Comment notre cappitaine doubtant qu'ilz ne songassent aucune trahison fist ranforcer le fort et comment ilz vindrent parlementer avecq luy et la rendition de la fille qui s'en estoit fuye.

Voyant la malice d'iceulx doubtant qu'ilz ne songassent aucune trahison et venir avecq un amast de gens courir sus nous notre cappitaine fict renforcer le fort tout alentour de groz fossez larges et parfondz avecques porte à pont levys et ranfort de pantz de boys au contraire des premiers. Et fut ordonné pour le guet de la nuyt pour le temps advenir cinquante hommes à quatre cars et à chacun changement desdits cars les trompettes sonnantes ce qui fut faict selon ladite ordonnance. Et lesdictz Donnacona Taignoagny et Domagaya estans advertiz dudit ranfort et de la bonne garde et guet que l'on faisoit furent courroucez d'estre en la malle grace du cappitaine et envoyerent par plusieurs foys de leurs gens faignans qu'ilz fussent d'ailleurs pour veoyr si on leur feroit desplaisir desquelz on ne tint compte et n'en fut faict ny monstré aulcun semblant. Et y vindrent lesdits Donnacona Taignoagny Domagaya et aultres parler audit cappitaine une ripviere entre deulx demandant audit cappitaine s'il estoit marry et pourquoy il n'alloit à Canada les veoyr. Et ledit cappitaine leur respondit qu'ilz n'estoient que traistres et meschans ainsi que on luy avoit rapporté et aussi qu'il avoit appersu en plusieurs sortes comme de n'avoir tins promesse de aller à Hochelaga et d'avoir retiré la fille que on luy avoit donnee et aultres mauvays tours qu'il leur nomma. Mais pour tout ce que s'ilz voulloyent estre gens de bien et oblyer leur malle voullunté qu'il leur pardonnoyt et qu'ilz vinssent seurement à bort faire bonne chere comme par davant. De quoy le remercyerent et luy promyrent qu'ilz luy randroient ladite fille qui s'en estoit fuye dedans troys jours. Et le quatriesme jour de novembre Domagaya avecques six aultres hommes vindrent à noz navires pour dire au cappitaine que Donnacona estoit allé par le pays sercher ladite fille qui s'en estoit allee et que le landemain elle luy seroit par luy amenee. Et dict que Taignoagny estoit fort mallade et qu'il pryoit le cappitaine lui envoyer ung peu de sel et de pain : ce que fist ledit cappitaine et luy manda que c'estoit Jesus qui estoit marry avecques luy pour les mauvays tours qu'il avoyt cuyder* jouer. Et le landemain lesdits Donnacona Taignoagny Domagaya et plusieurs aultres vindrent et amenerent ladite fille la representant audit cappitaine lequel n'en tint compte et dict qu'il n'en voulloyt poinct et qu'ilz la ramenassent. A quoy respondirent faisant leur excuse qu'ilz ne luy avoient pas commandé s'en aller et qu'elle s'en estoit allée pource que les paiges* l'avoyent batue ainsi qu'elle leur avoit dict. Et pryerent ledit cappitaine de la reprandre et eulx mesmes la menerent jusques au navire. Apres lesquelles choses le cappitaine commanda apporter pain et vin et les festoya puys prindrent congé les ungs des aultres. Et despuis sont allez et venuz à noz navyres et nous à leur demourance en aussi grand amour que par davant.

Chapitre XIII
De la grandeur et parfondeur dudict fleuve en general et des bestes oiseaulx poissons arbres et aultres choses que y avons veu et la scituation des lieux

Ledict fleuve commance passé l'isle de l'Assumption le travers des haultes montaignes de Honguedo et des Sept Ysles et y a de distance en traverse envyron trente cinq ou quarente lieues et y a au parmy* plus de deux cents brasses de parfond. Le plus parfond et plus seur à naviguer est du cousté devers le su. Et devers le nort savoir esdictes Sept Ysles y a d'un cousté et d'aultre envyron sept lieues loing des dictes ysles deux grosses ripvieres qui descendent des monts du Saguenay lesquelles font plusieurs bancqs à la mer fort dongereulx. A l'entree desdictes rivieres avons veu plusieurs ballaines et chevaulx de mer.

Le travers desdictes Sept Ysles y a une petite ripviere qui va troys ou quatre lieues en la terre pardessus des maretz en laquelle y a ung merveilleux nombre de tous oiseaulx de ripviere. Despuis le commencement dudict fleuve jusques à Hochelaga y a troys cens lieues et plus et est le commancement d'icelluy à la ripviere qui vient du Saguenay laquelle sort d'entre haultes montaignes et entre dedans ledict fleuve auparavant que arryver à la province de Canada de la bande devers le nort et est icelle ripviere fort parfonde estroicte et fort dongereuse à naviguer.

Apres ladicte ripviere est la prouvynce de Canada où il y a plusieurs peuples par villaiges non cloz. Il y a aussi es envyrons dudict Canada dedans ledict fleuve plusieurs ysles tant grandes que petites et entre aultres y en a une qui contient plus de dix lieues de long laquelle est plaine de beaulx arbres et haultz et aussi en icelle y a force vignes. Il y a passaige des deux coustés d'icelle le meilleur et le plus seur est du cousté devers le su et au bout d'icelle ysle vers l'ouaist y a un affourcq* d'eaues lequel est fort beau et delectable pour mectre navires où il y a ung destroict dudict fleuve fort courant et parfond mays il n'a de laize* que envyron un tiers de lieue le travers duquel y a une terre double de bonne haulteur toute labouree aussi bonne terre que jamays homme vyd et là est la ville et demourance de Donnacona et de noz deulx hommes que avyons prins le premier voiaige laquelle demourance se nomme Stadaconé. Et auparavant que arryver audict lieu y a quatre peuples et demourances savoyr Ajoasté Starnatan Tailla qui est sus une montaigne et Sitadin. Puys ledict lieu de Stadaconé soubz laquelle haulte terre vers le nort est la ripviere et hable* de Saincte Croix où avons esté depuis le quinziesme jour de septembre jusques au VIe jour de may V^{c}XXXVI ouquel lieu les navires demeurent à sec comme cy davant est dict. Passé ledit lieu est la demourance et peuple de Tequenonday et de Hochelay lequel Tequenonday est sus une montaigne et l'aultre en ung plain pays.

Toute la terre des deulx coustez dudit fleuve jusques à Hochelaga et oultre est aussi belle et unye que jamays homme regarda. Il y a aucunes montaignes assez loing dudit fleuve que on veoyt par sus lesdictes terres desquelles descend plusieurs ripvieres qui entrent dedans ledict fleuve. Toute cestedite terre est couverte et plaine de boys de plusieurs sortes et force vignes excepté alentour des peuples laquelle ilz ont deserté* pour faire leur demourance et labour. Il y a grand nombre de serfz dins hours et aultres bestes. Nous y avons veu les pas d'une beste qui n'a que deux piedz laquelle nous avons suyvie longuement pardessus le sable et vaze laquelle a les piedz en ceste façon et grandz d'une paulme et plus. Il y a force loeres byevres* martres regnardz liepvres connyns* escureilz ratz lesquelz sont gros à merveille et autres sauvaignes. Ilz se acoustrent des peaulx d'icelles bestes. Il y a aussi grand nombre d'oiseaulx savoyr gruez oultardes signes oayes sauvaiges blanches et grises cannes cannardz merles maulvys* turtres* ramyers chardonnereulx tarins serins linottes rossignolz passes solitaires et aultres oyseaulx comme en France. Aussi comme par davant es chappitres precedens est faicte mencion cedict fleuve est le plus habundant de toutes sortes de poissons qu'il soit memoire d'homme avoir jamays veu ny ouy. Car despuis le commencement jusques à la fin y trouverez selon les saisons la pluspart des sortes et espesses des poissons de la mer et eaue doulce. Vous trouverez jusques audict Canada force ballaines marsoings chevaulx de mer *adhothuys** qui est une sorte de poisson duquel jamays n'avyons veu ny ouy parler. Ilz sont blancs comme neige et grandz comme marsoins et ont le corps et la teste comme lepvryers lesquelz se tiennent entre la mer et l'eaue doulce qui commance entre la ripviere du Saguenay et Canada.

Item y treuverez en juing juillet et aoust force macquereaulx mulets bars sartres grosses anguilles et aultres poissons. Avant leur saison passee y treuverez l'eplan aussi bon que en la ripviere de Seine. Puys au renouveau y a force lamproyes et saulmons. Passé ledict Canada y a force brochetz truyttes carpes branmes et aultres poissons d'eaue doulce. Et de toutes ces sortes de poissons faict ledit peuple chacun selon leur saison grosse pescherye pour leur substance et victaille.

Chapitre XIV
Chappitre d'aulcuns* enseignemens que ceulx du pays nous ont donnez despuis estre revenuz de Hochelaga

Despuis estre arrivez de Hochelaga avecques le gallion et les barques avons conversé allé et venu avecques les peuples prouchains de noz navires en doulceur et amytié fors que parfoys avons eu aulcuns* differendz avecques aucuns mauvays garçons dont les aultres estoient fort marryz et courroucez. Et avons entendu par le seigneur Donnacona Taignoagny Domagaya et aultres que la ripviere davant dite et nommee la ripviere du Saguenay va jusques audict Saguenay qui est loing du commancement de plus d'une lune de chemin vers l'ouaist norouaist et que passé huict ou neuf journees elle n'est plus parfonde que par bateaulx mays que le droict et bon chemin et plus seur est par ledict fleuve jusques à Hochelaga à une ripviere qui descend dudict Saguenay et entre audict fleuve ce que avons veu et que de là sont une lune à y aller. Et nous ont faict entendre que oudict lieu les gens sont vestuz et habillez de draps comme nous et y a force villes et peuples et bonne gens et qu'ilz ont grand quantité d'or et cuyvre rouge. Et que le tout de la terre despuis ladicte premiere ripviere jusques audit Hochelaga et Saguenay est une ysle laquelle est circuitte* et envyronnee de ripvieres et dudict fleuve et que passé ledict Saguenay va ladicte ripviere entrent en deulx ou troys grandz lacqs d'eaue larges puis que on trouve une mer doulce de laquelle n'est mention avoir veu le bout ainsi qu'ilz ont ouy par ceulx du Saguenay car ilz nous ont dict n'y avoir esté. Oultre nous ont donné à entendre que ou lieu où avyons laissé notre gallion quant fumes à Hochelaga y a une ripviere qui va vers le surouaist où semblablement sont une lune à aller avecques leurs barques despuis Saincte Croix jusques à une terre où il n'y a jamais glaces ni naiges mais que en ceste dicte terre y a guerres continuelles les ungs contre les aultres et que en icelle terre y a oranges almendes noix prunes et aultres sortes de fruictz en grand habundance. Et nous ont dict les hommes et habitans d'icelle terre estre vestuz et accoustrez de peaulx comme eulx. Apres leur avoir demandé s'il y a de l'or et du cuyvre nous ont dict que non. Je estime à leur dire ledit lieu estre vers la Floridde à ce qu'ilz monstrent par leurs signes et merches*.

Chapitre XV
D'une grosse maladie et mortalité qui a esté au peuple de Stadaconé de laquelle pour les avoyr frequentez en avons esté enlouez* tellement qu'il est mort de noz gens jusques au nombre de vingt cinq

Au moys de decembre fumes advertyz que la mortalité s'estoit mise audict peuple de Stadaconé tellement que jà* en estoient mors par leur confession plus de cinquente. Au moyen de quoy leur deffensames notre fort et de ne venyr entour nous mays non obstant les avoyr chassez commença la maladie entour nous d'une merveilleuse sorte et la plus incongneue. Car les ungs perdoyent la sousrenue* et leur devenoyent les jambes grosses et enflees et les nerfz retirez et noirciz comme charbon et à aulcuns* toutes semeez de gouttes de sang comme pourpre puis montoyt ladicte maladie aux hanches cuysses espaulles braz et au col et à tous venoyt la bouche si infecte et pourrye par les genssives que toute la chair en tomboyt jusques à la racine des dens lesquelles tomboient presques toutes. Et tellement se esprint* ladicte maladie en noz troys navires que à la my febvrier de cent dix hommes que nous estions il n'y en avoit pas dix sains en sorte que l'un ne pouvoyt secouryr l'aultre qui estoit chose piteuse à veoyr consideré le lieu où nous estions. Car les gens du pays venoyent tous les jours davant nostre fort qui peu de gens voyoient debout et jà* y en avoyt huict de mors et plus de cinquante en qui on n'esperoyt plus de vye.

Notre cappitaine voyant la pitié et maladie ainsi esmue fist mectre le monde en prieres et oraisons et fict porter ung ymage et remembrance de la Vierge Marie contre un arbre distant de notre fort d'un tret d'arc le travers des naiges et glaces et ordonna que le dimanche ensuyvant l'on diroit audict lieu la messe et que tous ceulx qui pourroient chemyner tant sains que malades yroient à la procession chantant les sept pseaulmes de David avecq la Letanye en priant ladicte Vierge qu'il luy pleust prier son cher enffant qu'il eust pitié de nous. Ladicte messe dicte et chantee davant ladite ymaige se fist le cappitaine pellerin à Notre Dame qui se faict deprier à Rocquemado proumectant y aller si Dieu luy donnoit grace de retourner en France. Celluy jour trespassa Philippes Rougement natif d'Amboise de l'aige de envyron vingt ans.

Et pour ce que la maladie estoit incongneue fist le cappitaine ouvryr le corps pour veoir si aurions aucune congnoissance d'icelle pour preserver si possible estoit le parsus*. Et fut trouvé qu'il avoyt le cueur blancq et flectry envyronné de plus d'un pot d'eaue rousse comme datte le foye beau mays avoyt le poulmon tout noircy et mortiffié et s'estoit retiré tout son sang au dessus du cueur. Car quant il fut ouvert sortit au dessus de son cueur une grande habondance de sang noir et infect. Pareillement avoyt la ratte par devers l'eschine ung peu entasmée envyron deux doidz comme si elle eust esté frotée sus une pierre rudde. Apres cela luy fut onvert et incizé une cuisse laquelle estoit fort noire par dehors mays par dedans la chair fut trouvee assez belle. Ce faict fut inhumé au moings mal que on peult. Dieu par sa saincte grace pardoinct à son ame et à tous trespassez. Amen.

Et despuis de jour en aultre s'est tellement continué ladicte maladie que telle heure a esté que par tout les trois navires n'y avoit pas trois hommes sains de sorte que en l'un desdicts navires n'y avoit pas homme qui eust peu descendre soubz le tillac pour tirer à boire tant pour luy que pour les aultres et pour l'heure y en avoit jà* plusieurs de mors lesquelz il nous convynt mectre par faibloisse soubz les naiges car il ne nous estoit possible de pouvoyr pour lors ouvryr la terre qui estoit gelee tant estions foibles et avyons peu de puissance. Et si estions en une craincte merveilleuse des gens du pays qu'ilz ne s'apersussent de notre pitié et foiblesse. Et pour couvryr ladicte maladie lors qu'ilz venoyent pres de notre fort notre cappitaine que Dieu a tousjours preservé debout sortoit au davant d'eulx avec deux ou trois hommes tant sains que malades lesquelz il faisoit sortyr apres luy et lors qu'il les veoyoit hors du parcq faisoit semblant les voulloyr batre en cryant et leur gectant bastons apres eulx les envoyant à bort monstrant par signes esdictz sauvaiges qu'il faisoit besongner tous ses gens dedans les navires les ungs à gallifester* les aultres à faire du pain et aultres besongnes et qu'il n'estoit pas bon qu'ilz vinssent chommer* dehors. Ce qu'ilz croyoient et faisoit ledict cappitaine batre et mener bruyt esdictz malades dedans les navires avecq bastons et cailloudz faignans gallifester*. Et pour lors estions si esprins* de ladicte maladie que avyons quasi perdu l'esperance de jamais retourner en France si Dieu par sa bonté infinie et misericorde ne nous eust regardé en pitié et donné congnoissance d'un remedde contre toutes maladies le plus excellent qui fut jamays veu ny trouvé sus la terre ainsi qu'il sera faict mention en ce chappitre.

Chapitre XVI
Le nombre du temps que nous avons esté au hable* de Saincte Croix englassez dedans les glasses et naiges. Et le nombre des genz deceddez despuys le commancement de ladite maladie jusques à la my mars

Despuis la my novembre jusques au XVme jour d'apvril avons esté continuellement enfermez dedans les glasses lesquelles avoyent plus de deux brasses d'espesseur et dessus la terre y avoit la haulteur de quatre piedz de naiges et plus tellement qu'elle estoit plus haulte que les borz de noz navires. Lesquelles ont duré jusques au dict temps en sorte que noz breuvaiges estoient tous gellez dedans les fustailles. Et par dedans nosdits navires tant bas que hault estoit la glasse contre les borz à quatre doidz d'espesseur et estoit tout ledict fleuve par aultant que l'eaue doulce en contient jusques au dessus de Hochelaga gellé. Auquel temps nous decedda jusques au nombre de vingt cinq personnes des principaulx et bons compaignons que eussions lesquelz mouroient de la maladie susdicte. Et pour l'heure y en avoit plus de quarente en qui on n'esperoit plus de vye et le parsus* tous malades que nul n'en estoit exempté excepté troys ou quatre mays Dieu par sa saincte grace nous regarda en pitié et nous envoya la congnoissance et remedde de notre garison et santé de la sorte et maniere qu'il sera divisé* en ce chappitre.

Chapitre XVII
Comment par la grace de Dieu nous eusmes congnoissance de la sorte d'un arbre par lequel nous avons esté gariz et recouvert* tous les malades santé apres en avoyr usé; et la façon d'en user

Ung jour notre cappitaine voyant la maladie si esmue et ses gens si fort esprins* d'icelle estant sorty hors du parc et soy pourmenant sus la glace apersut venir une bande de gens de Stadaconé à laquelle estoit Domagaya lequel le cappitaine avoyt veu puys dix ou douze jours fort malade de la propre maladie que avoyent ses gens. Car il avoyt l'une des jambes par le genoil aussi grosse qu'un enffant de deux ans et tous les nerfz d'icelle retirez les dents perdues et gastees et les genssives pourries et infectes. Le cappitaine voyant ledict Domagay sain et desliberé* fut joieulx esperant par luy savoyr comme il s'estoit guery affin de donner aide et secours à ses gens. Et lorsqu'ilz furent arrivez pres le fort le cappitaine luy demanda comme il s'estoit guery de sa maladie. Lequel Domagaya respondict que avecq le juz et le marcq* des feulhes d'un arbre il s'estoit guery et que c'estoit le singulier remedde pour maladie. Lors ledict cappitaine luy demanda s'il y en avoit poinct là entour et qu'il luy en monstrast pour guerir son serviteur qui avoyt print la maladie audit Canada durant qu'il demouroit avecq Donnacona ne luy voulant declarer le nombre des compaignons qui estoient malades. Lors ledit Domagaya envoya deux femmes avecq le cappitaine pour en querir lesquelz en apporterent neuf ou dix rameaulx et nous monstrerent comment il failloit piller l'escorce et les feulhes dudict boys et meptre tout à bouillir en eaue puis en boyre de deux jours l'un et meptre le marcq* sus les jambes enfleez et malades et que de toutes maladies ledict arbre guerissoit. Ilz appellent ledit arbre en leur langaige *annedda*.

Tost apres le cappitaine fist faire du breuvaige pour faire boire es malades desquelz n'y avoyt nul d'eulx qui voullust essaiguer ledict breuvaige sinon ung ou deux qui se myrent en adventure d'icelluy essaiguer. Tost apres qu'ilz en eurent beu ilz eurent l'advantaige qui se trouva estre ung vray et evydent miracle car de toutes maladies de quoy ilz estoient entachez apres en avoir beu deux ou troys foys recouvrerent santé et garison tellement que tel y avoit desdits compaignons qui avoyt la grosse verolle puis cinq ou six ans auparavant ladicte maladie a esté par icelle medecine curé nectement. Apre ce avoyr veu et congnu y a eu telle presse sus ladicte medecine que on se voulloyt tuer à qui premier en auroyt de sorte que ung arbre aussi groz et aussi grand que je veidz jamays arbre a esté employé en moings de huict jours lequel a faict telle opperation que si tous les medecins de Louvain et Montpellier y eussent esté avecq toutes les droggues d'Alexandrie ilz n'en eussent pas tant faict en ung an que ledict arbre en a faict en six jours. Car il nous a tellement prouffité que tous ceulx qui en ont voullu user ont recouvert santé et garison la grace à Dieu.

Chapitre XVIII

Comment le seigneur Donnacona acompaigné de Taignoagny et plusieurs aultres partirent de Stadaconé faignans aller à la chasse aux serfz et aux dins lesquelz furent deux moys sans retourner et à leur retour amenerent grand nombre de gens que n'avions acoustumé de veoyr

Durant le temps que la maladie et mortalité regnoit en noz navires se partirent Donnacona Taignoagny et plusieurs aultres faignans aller prendre des serfz et dins lesquelz ilz nomment en leur langaige *joumesta* et *asquemindo* parce que les naiges estoient grandes et que les glaces estoient jà* rompues dedans le cours dudit fleuve tellement qu'ilz pouvoyent naviguer par icelluy.

Et nous fut par Domagaya et aultres dict qu'ilz ne seroient que envyron quinze jours ce que croyons mays ilz furent deux moys sans retourner au moyen de quoy eusmes suspection qu'ilz ne fussent allez amasser grand nombre de gens pour nous faire desplaisir pource qu'ilz nous veoyoient si affoibliz nonobstant que nous avyons mys si bonne ordre en nostre faict que si toute la puissance de leur terre y eust esté ilz n'eussent sceu faire aultre chose que nous regarder. Et pendant le temps qu'ilz estoient dehors venoyent tous les jours force gens à noz navires comme ilz avoyent de coustume nous apportant de la chair fresche de serfz et de dins poissons fraiz de toutes sortes qu'ilz nous vendoyent fort cher ou myeulx l'aymoient remporter pource qu'ilz avoyent necessité de vivres pour lors à cause de l'yver qui avoyt esté long.

Chapitre XIX
Comment Donnacona revint à Stadaconé avecq
grand nombre de gens et fist ledit Donnacona
le malade de peur de venyr veoyr le cappitaine
cuydant* que le cappitaine le allast veoyr

Le XXIe jour du moys d'apvril Domagaya vint à bort accompaigné de plusieurs gens lesquelz estoient beaulx et puissans et n'avions acoustumé de les veoyr lesquelz nous dirent que le seigneur Donnacona seroit le landemain venu et qu'il apporteroit force chair de serfz et aultre venaison. Et le landemain XXIIme jour dudict moys arriva ledict Donnacona lequel amena en sa compaignie grand nombre de gens audit Stadaconé ne sçavyons à quelle occasion ny pourquoy mays comme on dict en ung proverbe «qui de tout se garde et d'aulcuns* eschappe» ce que nous estoit de necessité car nous estions si affoibliz tant de maladie que de gens mors qu'il nous a faillu laisser ung de noz navires audict lieu de Saincte Croix. Le cappitaine estant adverty de leur venue et qu'ilz avoyent amené tant de gens et aussi que Domagaya le vint dire au cappitaine sans voulloir passé la ripviere qui estoit entre nous et ledict Stadaconé ains* fict difficulté de passé ce que n'avoyt acoustumé de faire au moyen de quoy eusmes suspection de trahison. Voyant ce le cappitaine envoya son serviteur nommé Charles Guyot lequel estoit plus que nul aultre aymé du peuple de tout le pays pour veoyr qui estoit audict lieu et qu'ilz faisoient ledict serviteur faignant estre allé veoyr le seigneur Donnacona parce qu'il avoit demouré lon temps avecq luy lequel luy porta ancun present. Et lors que ledict Donnacona fut adverty de sa venue fist le malade et se coucha en disant qu'il estoit fort malade. Apres alla ledict Charles en la maison de Taignoagny pour le veoyr où partout trouva les maisons si pleines de gens que on ne se pouvoit tourner lesquelz on n'avoit acoustumé de veoyr et ne voullut permectre ledict Taignoagny que ledict serviteur allast es aultres maisons ains* le convoya vers les navires envyron la moictyé du chemyn et luy dist que si le cappitaine luy voulloit faire plaisir de prandre ung seigneur du pays nommé Agona lequel luy avoit faict desplaisir et l'emmener en France qu'il feroit tout ce que vouldroit ledict cappitaine et qu'il retournast le landemain luy dire la responce. Quant la cappitaine fut adverty du grand nombre de gens qui estoient audict lieu ne sçavoit à quelle fin se deslibera* leur jouer finesse et prandre leur seigneur Taignoagny Domagaya et des principaulx et aussi qu'il estoit bien desliberé* de mener ledict seigneur Donnacona en France pour compter et dire au roy ce qu'il avoyt veu es pays occidentaulx des merveilles du monde. Car il nous a certiffié avoyr esté à la terre du Saguenay où il y a infiny or rubiz et aultres richesses et y sont les hommes blancs comme en France et acoustrez de draps de laine. Plus dict avoir veu aultre pays où les gens ne mangent poinct et n'ont poinct de fondement et ne digerent poinct ains* font seullement eaue par la verge. Plus dict avoir esté en aultre pays de Picquenyans et aultre pays où les gens n'ont que une jambe et aultres merveilles longues à racompter. Ledict seigneur est homme ancien et ne cessa jamais d'aller par pays depuis sa congnoissance tant par fleuves ripvieres que par terre. Apres que ledit serviteur eut faict son messaige et dict à son maistre ce que ledit Taignoagny luy mandoit renvoya ledit cappitaine sondit serviteur le landemain dire audict Taignoagny qu'il le vynt veoyr et luy dire ce qu'il vouldroict et qu'il luy feroit bonne chere et partie de son voulloir. Ledict Taignoagny luy manda qu'il viendroict le landemain et qu'il ameneroit Donnacona et ledit homme qui luy avoit faict desplaisir. Ce que ne fist ains* fut deux jours sans venyr pendent lequel temps ne vint personne es navires dudict Stadaconé comme avoyent de coustume mays nous fuyoient comme si les eussions voullu tuer. Lors appersumes leur mauvaistié. Et pource qu'ilz furent advertiz que ceux de Sitadin alloient et venoient entour nous et que leur avyons habandonné le fons du navire que laissions pour avoyr le viel cloud vindrent le tiers jour dudit Stadaconé de l'aultre bort de la ripviere et passerent la plus grand partie d'eulx en petiz bateaulx sans difficulté; mais ledict Donnacona n'y voullut passer et furent Taignoagny et Domagaya plus d'une heure à parlementer ensemble avant que voulloir passer en fin ilz passerent et vindrent parler audict cappitaine. Et pria Taignoagny ledit cappitaine voulloyr prandre et enmener ledict homme en France. Ce que reffusa ledict cappitaine disant que le roy son maistre luy avoit deffendu de non emmener homme ny femme en France mays bien deulx ou trois petitz enffans pour apprandre le langaige mais que voulentiers l'emmeneroit en Terre Neufve et qu'il le meptroit en une ysle. Ces parolles disoit ledit cappitaine pour les asseurer et à celle fin d'emmener ledict Donnacona en France lequel estoit demouré de là l'eaue. Desquelles parolles fut fort joyeulx ledict Taignoagny esperant ne retourner jamais en France et promist audict cappitaine de retourner le landemain qui estoit le jour Saincte Croix et amener ledit seigneur Donnacona et tout le peuple de Stadaconé.

Chapitre XX
Comment le jour Saincte Croix le cappitaine fict planter une croix dedans nostre fort et comment le dit seigneur Donnaconna Taignoagny Domagaya et leur bande vindrent et de la prinse dudit seigneur

Le IIIe jour de may jour et feste saincte Croix pour la solempnité et feste le cappitaine fist planter une belle croix de la haulteur d'envyron trente cinq piedz de haulteur soubz le croizillon de laquelle y avoit ung escusson en bosse des armes de France et sus icelluy estoit escript en lettre atticque «Franciscus primus Dei gratia Francorum rex regnat». Et celluy jour envyron midi vindrent plusieurs gens de Stadaconé tant hommes femmes que enffans qui nous dirent que leur seigneur Donnacona Taignoagny Domagaya et aultres qui estoient en sa compaignie venoyent de quoy fumes joieulx esperant nous en saisir. Lesquelz vindrent envyron deux heures apres midi et lors qu'ilz furent arrivez davant noz navires notre cappitaine alla saluer le seigneur Donnacona lequel pareillement luy fit grand chere mais tousjours avoit l'œil au boys et une craincte merveilleuse. Tost apres arryva Taignoagny lequel dist audict seigneur Donnacona qu'il n'entrast poinct dedans le fort. Et lors fut par l'un de leurs gens apporté du feu dehors dudit fort et allumé pour ledit seigneur. Notre cappitaine le pria de venir boire et manger dedans les navires comme avoyt de coustume et semblablement en pria ledit Taignoagny lequel dist que tantost ilz entreroient ce qu'ils firent et entrerent dedans ledict fort. Mais auparavant avoyt esté notre cappitaine adverty par Domagaya que ledict Taignoagny avoit mal parlé et qu'il avoit dict au seigneur Donnacona qu'il n'entrast poinct dedans les navires. Notre cappitaine voyant ce sortit hors du parc où il estoit et vid que les femmes s'en fuyoient par l'advertissement dudit Taignoagny et qu'il ne demouroit que les hommes lesquelz estoient en grand nombre. Et commanda le cappitaine à ses gens prandre ledit seigneur Donnacona Taignoagny Domagaya et deux aultres des principaulx qu'il monstra puis que on fit retirer les aultres. Tost apres ledit seigneur entra dedans le fort avecq ledict cappitaine mays tout soubdain ledit Taignoagny vint pour le faire sortir. Notre cappitaine voyant qu'il n'y avoit autre ordre se print à crier que on les print. Auquel cry sortirent les gens dudit cappitaine lesquelz prindrent ledict seigneur et ceulx que on avoyt desliberé* prandre. Lesdictz Canadians voyant ladite prinse commancerent à fuyr et couryr comme brebiz davant le loup les ungs le travers la ripviere les aultres parmy le boys serchant chacun son adventaige. Ladicte prinse faicte des dessusdits et que les aultres se furent tous retirez furent mys en seure garde.

Chapitre XXI
Comment les Canadians vindrent la nuict
davant les navires sercher leurs gens durant laquelle
ilz ulloyent* et cryoient comme loups et le parlement*
et conclusion qu'ilz firent le landemain et des
presens qu'ilz firent à notre cappitaine.

La nuict venue vindrent davant noz navires la ripviere entre deulx grand nombre du peuple dudict Donnacona huchant* et ullant* toute la nuict comme loups cryant sans cesse «*agouhanna agouhanna*» penssant parler à luy ce que ne permist ledict cappitaine pour l'heure ny le matin jusques envyron midi. Parquoy nous faisoient signe que les avyons tuez et penduz. Et envyron l'heure de midi retournerent de rechef en aussi grand nombre que avions veu de voiaige pour ung coup eulx tenant cachez dedans le boys fors aulcuns* d'eulx qui cryoient et appelloient à haulte voix ledit Donnacona. Lors commanda le cappitaine faire monter ledict Donnacona hault pour parler à eulx et luy dist ledit cappitaine qu'il fist bonne chere et que apres avoyr parler au roy de France son maistre et compter ce qu'il avoit veu au

Saguenay et aultres lieux qu'il reviendroit dedans dix ou donze lunes et que le roy lui feroit ung grand present. De quoy fut fort joieulx ledit Donnacona et le dist es aultres en parlant à eulx. Lesquelz en firent troys merveilleux criz en signe de joie. Et à l'heure firent lesdictz peuple et Donnacona entre eulx plusieurs predications et serymonies lesquelles il n'est possible de escripre par faulte de l'entendre. Notre cappitaine dist audict Donnacona qu'ilz vinssent seurement de l'aultre bort pour mieulx parler ensemble et qu'il les asseuroit. Ce que leur dist ledit Donnacona et sur ce vindrent une barquee des principaulx bort esdits navires lesquelz de rechef commancerent à faire plusieurs preschemens en donnant louange audict cappitaine. Et luy firent present de vingt quatre colliers d'*esnoguy** qui est la plus grand richesse qu'ils ayent en ce monde car ilz l'estiment mieulx que or ny argent. Apres qu'ilz eurent assez parlementé et divisé* les ungs avec les aultres et qu'il n'y avoyt remedde audict seigneur d'eschapper et qu'il failloit qu'il vint en France il leur commanda que on luy apportast vivres pour menger par la mer et que on les luy apportast le landemain. Notre cappitaine fict present audit Donnacona de deux paisles* d'arain et de huict hachotz et aultres menues besongnes comme cousteaulx et patenostres* de quoy fut fort joieulx à son semblant et les envoya à ses femmes et enffans. Pareillement donna ledict cappitaine à ceulx qui estoient venuz parlé audict Donnacona ancuns petiz presens desquelz remercierent fort ledit cappitaine. A tant* se retirerent et s'en allerent à leurs logis.

Chapitre XXII
Comment le lendemain cinquième jour de
may ledict peuple retourna parler à leur seigneur
et comment il vint quatre femmes à bort
luy apporter des vivres

Le landemain cinquième jour dudict moys au plus matin ledict peuple retourna en grand nombre pour parler à leur seigneur et envoyerent une barque qu'ilz appellent *casnouy* en laquelle y estoient quatre femmes sans y avoir aulcuns* hommes pour doubte qu'ilz avoyent que on ne les retint lesquelles apporterent force vivres savoir groz mil qui est le bled duquel ilz vivent chair poisson et aultres prouvisions à leur modde. Lesquelles apres estre arrivez es navires le cappitaine leur fict bon raqueul et pria Donnacona le cappitaine qu'il dist esdictes femmes que dedans douze lunes il retourneroyt et qu'il ameneroit ledict Donnacona à Canada. Ce disoit pour les contenter ce que fist ledict cappitaine dont lesdites femmes firent ung grand semblant de joie en monstrant par signes et parolles audit cappitaine mays qu'il retournast et amenast ledict Donnacona et aultres ilz luy feroient plusieurs presens. Lors chacune d'icelles donna audict cappitaine ung collier d'*esnoguy** puys s'en allerent de l'autre bort de la ripviere où estoit tout le peuple dudit Stadaconé puis se retirerent et prindrent congé dudit seigneur Donnacona.

Le sabmedy VIme jour de may nous appareillasmes du havre Saincte Croix et vinsmes poser au bas de l'isle d'Orleans envyron douze lieues dudit lieu Saincte Croix. Et le dimanche vinsmes à l'isle es

Couldres où avons es té jusques au lundi XVIme dudict moys laissant amortir les eaues lesquelles estoient trop courantes et dongereuses pour avaller* ledit fleuve et actendans bon temps. Pendent lequel vindrent plusieurs barques des peuples subgectz audict Donnacona lesquelz venoyent de la ripviere du Saguenay. Et lors que par Domagaya furent advertiz de la prinse d'eulx et la façon et maniere comme on menoit Donnacona en France furent bien estonnez mais ne laisserent à venir le long des navires parler audict Donnacona qui leur dist que dedans douze lunes il retourneroit et qu'il avoit bon traictement avec le cappitaine et compaignons. De quoy tous à une voix remercierent ledict cappitaine et donnerent audict Donnacona troys pacquetz de peaulx de byevres* et loups marins avecq ung grand cousteau de cuyvre rouge qui vient dudit Saguenay et aultres choses. Semblablement donnerent audict cappitaine un collier d'*esnoguy** pour lesquelz presens leur fist donner ledit cappitaine dix ou douze hachotz desquelz furent fort contens et joieulx remercyant ledit cappitaine puis s'en retournerent.

Le passaige est plus seur et meilleur entre le nort et ladicte ysle que vers le su pour le grand nombre des basses bancqs et rochiers qui y sont et aussi qu'il y a petit fons.

Le landemain XVIe jour de may nous appareillasmes de ladicte ysle es Couldres et vinsmes poser à une ysle qui est à envyron quinze lieues de ladicte ysle es Couldres laquelle est grande de envyron cinq lieues de long et là posames celluy jour pour passer la nuict esperant le landemain passer les dongiers du Saguenay lesquelz sont grandz. Le soir fumes à ladite ysle où trouvasmes grand nombre de liepvres desquelz nous eusmes quantité et pour ce la nommasmes l'isle es Liepvres. Et la nuict le vent vint contraire et en tormente tellement qu'il nous faillit relascher à l'isle es Couldres d'où estions partiz parce qu'il n'y a aultre passaige entre lesdictes ysles et y fusmes jusques au XXIme jour dudit moys que le vent vint bon et tant fysmes par noz journees que passames jusques à Honguedo entre l'isle de l'Assumption et ledit Honguedo lequel passaige n'avoyt par davant esté desconvert et fysmes courir jusques le travers du cap de Prato qui est commancement de la baye de Challeur. Et pour ce que le vent estoit bon et convenable fismes porter le jour et la nuict. Et le landemain vinsmes querir au corps l'isle de Bryon ce que voullions faire pour l'abregé de notre chemin gisantes les deux terres suest et norouaist ung quart de l'est et de l'ouaist et y a entre eulx cinquante lieues. Ladicte ysle est en 47 degrez $^1/_2$ de latitude.

Le jeudi XXVIme jour dudict moys jour et feste de l'Ascension Notre Seigneur nous traversames à une terre et sillon de basses araines qui demeurent au surouaist de ladite ysle de Bryon envyron huict lieues parsus* lesquelles y a de grosses terres plaines d'arbres et y a une mer enclose dont n'avons veu aucune entree ny ouverture par où entre icelle mer. Et le vendredy XXVIme parce que le vent chargeoit à la couste retournames à ladicte ysle de Bryon où fumes jusques au premier jour de juing et vynsmes querir une terre haulte qui demeure au suest de ladicte ysle qui nous apparessoit estre une ysle. Et la rangames envyron vingt deux lieues et demye faisant lequel chemin eumes congnoissance de troys aultres ysles qui demouroient vers les Araines et pareillement lesdictes Araines estre ysle et ladicte terre qui est terre haulte et unye estre terre certaine se rabatent au norouaist. Apres lesquelles choses congneues retournasmes au cap de ladicte terre qui se faict à deux ou troys caps hautz à merveilles et grand parfond d'eaue et la maree si courante qu'il n'est possible de plus. Nous nommasmes celluy cap cap de Lorraine qui est en 46 degrez $1/2$. Au su duquel cap ya une basse terre et semblant de entree de ripviere mais il n'y a hable* qui vaille Par sus lesquelles vers le su demeure ung aultre cap de terre que nous nommasmes le cap de sainct Paul qui est en 47 degrez $1/4$.

Le dimanche IIIIe jour dudit moys et feste de la Panthecouste eusmes congnoissance de la coste d'est suest de Terre Neufve estant à envyron vingt deux lieues dudit cap. Et pour ce que le vent estoit contraire fumes à ung hable* que nommasmes le hable* du sainct Esperit jusques au mardi que appareillasmes dudict hable* et rangames ladicte couste jusques aux illes de sainct Pierre. Lequel chemin faisant trouvames le long de ladite coste plusieurs ysles et basses fort dangereuses estant en la rotte d'est suest et ouaist norouaist à 2, 3, 4 lieues à la mer. Nous fumes esdictes illes sainct Pierre o'y trouvames plusieurs navires tant de France que de Bretaigne despuis le jour sainct Bernabé XIe de juing jusques au XVIe jour dudit moys que appareillasmes des dictes ysles sainct Pierre et vynmes au cap de Raze et entrames dedans ung hable* nommé Rougnouse où prynmes eaues et boys pour traverser la mer et là laissames l'une de noz barques. Et apareillasmes dudict hable* le lundi XIXe

dudit moys. Et avecq bon temps avons navigué par la mer tellement que le VIme jour de juillet sommez arrivez au hable* de Sainct Malo la grace au Createur le priant faisant fin à notre navigation nous donner sa grace et paradis à la fin. Amen.

Ensuit le langaige des pays et royaume de Hochelaga et Canada aultrement dicte la Nouvelle France

1	Segada
2	Tigneny
3	Asché
4	Honnacon
5	Ouyscon
6	Judayé
7	Aiaga
8	Addegué
9	Wadellon
10	Assem

Ensuict les noms des partyes du corps de l'homme

La teste	Aggonozy
Le frons	Hetguenyascon
Les yeulx	Hetgata
Les oreilles	Ahontascon
La bouche	Escahé
Les dents	Esgongay
La langue	Esnaché
La gorge	Agonhon
Le menton	Hebbehin
Le visaige	Hegoascon
Les cheveulx	Aganyscon

Les bras	Ayaiascon
Les esselles	Hetnenda
Les coustez	Aisonné
L'estomach	Aggoascon
Le ventre	Eschehenda
Les cuysses	Hetnegoadascon
Le genoil	Agochinegodascon
Les jambes	Agouguenondé
Les piedz	Ouchidascon
Les mains	Aignoascon
Les doidz	Agenoga
Les ongles	Agedascon
Le vyt	Agnascon
Le con	Chastaigné
La barbe du menton	Ostoné
La barbe du vyt	Aggonsson
Les coullons	Xista
Ung homme	Aguehan
Une femme	Aggouetté
Ung garçon	Addegesta
Une fille	Agnyaquesta
Ung petit enfant	Exiasta
Une robbe	Cabata
Ung preppoinct	Coza
Des chausses	Henondoa
Des solliers	Atha
Des chemises	Anigona
Ung bonnet	Castoua
Ilz appellent leur blé	Ozisy
Pain	Carraconny
Eaue	Amé
Chair	Quahoachon
Poisson	Queion

123

Prunes	Honnesta
Figues	Absconda
Raisins	Ozaha
Noix	Quaheya
Senelles de buysson	Æsquesgoa
Petites noix	Undegonaha
Une poulle	Sahomgahoa
Une lamproye	Zisto
Ung saulmon	Ondaccon
Une ballaine	Ainnehonné
Une anguille	Esgneny
Un escureil	Caiognen
Une couleuvre	Undeguezy
Des tortues	Heulonzonné
Des ollyves	Honcohonda
Ilz appellent le boys	Conda
Feulhes de boys	Honga
Ilz appellent leur dieu	Cudouagny
Donnez moy à boyre	Quazahoa quea
Donnez moy à desjuné	Quazahoa quascahoa
Donnez moy à souper	Quazahoa quatfrean
Allons nous coucher	Quasigno agnydahoa
Bon jour	Aigny
Allons jouer	Quasigno caudy
Venez parlé à moy	Asigny quadadya
Regardez moy	Quatgathoma
Taisez vous	Aista
Allons au bateau	Quasigno quasnouy
Cela ne vaut rien	Sahauty quahonquey
Donnez moy un cousteau	Quazahoa aggoheda
Un hachot	Addogué
Ung arc	Ahena
Une flesche	Quahetan

Des plumes	Heccon
Allons à la chasse	Quasigno donnasené
Ung serf	Ajonnesta
Ung dain	Asquenondo
Ung liepvre	Sonohamda
Ung chien	Aggayo
Des oayes	Sadeguenda
Ilz appellent le chemyn	Addé
Ilz appellent la grayne de concombres et mellons	Casconda
Quand ilz veullent dire adieu à quelcun ilz dient	Sedgagnehaniga
Chanter	Thegnehoaca
Rire	Cahezen
Pleurer	Agguenda
Le ciel	Quenheya
La terre	Damga
Le soleil	Isnay
La lune	Assommaha
Les estoilles	Signehoan
Le vent	Cahona
La mer	Agogasi
Eaue doulce	Amé
Les vagues de la mer	Coda
Une ysle	Cohena
Une montaigne	Ogacha
La glace	Honnesca
La neige	Canisa
Froit	Athau
Chault	Odaian
Grand merciz	Adgnyeuscé
Mon amy	Aguyasé
Courez	Thodoathady

Venez nager	Cazigahoatté
Feu	Asista
Fumée	Quea
La fumée me faict mal es yeulx	Quea quanoagné egata
Ung tel est mort	Camedané
Une maison	Quanocha
Ilz appellent leurs febves	Sahé
Un pot de terre	Undaccon
Ilz appellent une ville	Canada
Nota que le seigneur a nom Donnacona et quand ilz le veullent appeler seigneur ilz l'appellent	Agouhanna
Mon pere	Addathy
Ma mere	Addanacé
Mon frere	Adhadgnyn
Ma seur	Adassené
Mon cousin	Hegay
Mon nepveu	Yuadin
Ma femme	Ysaa
Mon enffant	Agno
Quant ilz veullent dire injure à quelcun ilz l'appellent	*agojuda* qui est

à dire meschant et trahistre

Villain	Aggousey
Cheminez	Quedaqué
D'où venez vous?	Canada undagneny
Donnez cela à quelcun	Taquenondé
Gardez moy cecy	Sodanadegamesgamy
Où est allé cestuy?	Quanehoesnon

Fermez la porte	Asnodyan
Va querir de l'eaue	Sagithemmé
Va querir quelcun	Achidasconé
Ilz appellent l'erbe de quoy ilz usent en leurs cornetz	Quiecta
Herbe commune	Hanneda
Quant une personne est si viel qu'il ne peult plus chemyner ilz l'appellent	Agondestay
Grand	Estahezy
Petit	Estahagona
Groz	Hougnenda
Gresle	Hocquehin
Le soir	Angau
La nuyt	Achena
Le jour	Adegahon

Ensuivent les noms des villes subjectes au seigneur Donnacona

Ajoasté	Tella
Thoagahen	Thequenondahy
Sitadin	Stagoattem
Stadaconé	Agouchonda
Deganonda	Ochela
Thegnignondé	
Thegadechoallé	
Ilz appellent la canelle	Adothathny
Le giroffle	Canonotha

Nota qu'il fault une lune à naviguer avecques leurs barques despuis Hochelaga pour aller à la terre où se prent ladicte canelle et giroffle.

Troisième relation
(1541-1542)

Le troisième voyage de découvertes fait par le capitaine Jacques Cartier, en l'an 1540, dans les pays de Canada, Hochelaga et Saguenay.

Chapitre I

Le roi François Ier, ayant entendu le rapport du capitaine Cartier, son pilote en chef lors de ses deux premiers voyages de découvertes, tant par écrit que de vive voix, touchant ce qu'il avait trouvé et vu dans les terres occidentales par lui découvertes dans les pays de Canada et d'Hochelaga, et ayant aussi vu et convenu avec des gens que le dit Cartier a ramené de ces contrées, parmi lesquelles est le roi de Canada, dont le nom est Donnaconna, et quelques autres, lesquels après avoir vécus longtemps en France et en Bretagne, furent baptisés selon leur désir et demande, et trépassèrent ensuite dans le dit pays de Bretagne. Et quoique Sa Majesté eut été informée par le dit Cartier de la mort et du décès de tout ceux qui avaient ainsi été amenés par lui (lesquels étaient au nombre de dix) à l'exception d'une petite fille d'environ dix ans, cependant elle résolut d'y envoyer de nouveau le dit Cartier son pilote, avec Jean-François de la Rocque, chevalier, seigneur de Roberval, qu'elle nomma son lieutenant et gouverneur dans les pays de Canada et Hochelaga, et le dit Cartier comme capitaine général et maître pilote des vaisseaux, afin de faire plus amples découvertes que celles faites dans les précédents voyages, et aller (s'il était possible) en reconaissance du pays du Saguenay, duquel les gens, amenés par le dit Cartier, ainsi qu'il est dit, avaient rapporté au roi qu'il s'y trouvait de grandes richesses et de très bons pays. Le roi commanda qu'il fut baillé certains deniers afin d'armer cinq navires pour le dit voyage, laquelle chose fut faite par les dits sieurs de Roberval et Cartier, lesquels s'accordèrent d'apprêter les dits cinq navires à Saint-Malo en Bretagne, là même où les deux premiers voyages avaient été apprêtés et d'où les vaisseaux avaient pris leur départ. Et le dit sieur Roberval y envoya Cartier dans le même but. Et après que Cartier eut fait préparer et mettre en bon ordre les dits cinq navires, le sieur de Roberval se rendit à Saint-Malo où il trouva les navires en rade, les vergues hautes, tous prêts à partir et faire voile, n'attendant autre chose que la venue du général et le paiement des dépenses. Et comme le sieur de Roberval le lieutenant du roi, n'avait pas encore reçu son artillerie, ses poudres et munitions, et autres chose néscessaires dont il s'était pourvu pour ce voyage dans les pays de Champagne et de Normandie, et parce que les choses susdites lui étaient très nécessaires, et qu'il ne pouvait se résoudre à les laisser en arrière, il se détermina de partir de Saint-Malo pour aller à Rouen, et là y faire apprêter un ou deux navires à Honfleur où il pensait que toutes ces choses étaient rendues; et que le dit Cartier partirait avec les cinq navires qu'il avait préparés, et prendrait les devants. Considérant aussi, que le dit Cartier avait reçu des lettres du roi, par lesquelles il lui enjoignait expressément de partir et de faire voile incessamment à leurs vue et réception, à peine d'encourir son déplaisir et de s'en voir imputer tout le blâme. Après avoir délibéré toutes ces choses, et que le dit sieur de Roberval eut fait un état et revue de tous les gentilshommes, soldats et matelots qui avaient été retenus et choisis pour l'entreprise de ce voyage, il donna au dit Cartier pleine autorité de partir et prendre les devants, et de se conduire en toutes choses comme s'il s'y fut trouvé en personne; et lui-même prit son départ pour Honfleur afin de faire ses autres préparatifs. Après ces choses ainsi faites, le vent devenant favorable, les susdits cinq navires firent voile ensemble, bien fournis de victuailles pour deux ans, le vingt-troisième jour de mai 1540. Et nous navigâmes si longtemps, par des vents contraires, et des tourmentes continuelles que nous subîmes à cause de notre départ tardif, que nous fûmes sur la mer plus de trois mois avant de pouvoir arriver au port de Canada, sans avoir eu pendant tout ce temps trente heures de bon vent qui put nous servir à suivre notre droit chemin: de sorte, que nos cinq navires à cause de ces tempêtes s'entreperdirent les uns des autres, sauf deux qui demeurèrent ensemble, savoir celui où était le capitaine, et l'autre dans lequel se trouvait le vicomte de Beaupré, jusques enfin au bout d'un mois nous nous rencontrâmes au hâvre du Carpont en la Terre-Neuve. Mais la longueur du temps que nous fûmes à passer entre la Bretagne et la Terre-Neuve fut cause, que nous nous trouvames en grand besoin d'eau, rapport au bétail, aussi bien que des chèvres, porcs et autres animaux que nous avions apporté pour y multiplier dans le pays, et que nous fumes forcés d'abreuver avec du cidre et d'autres boissons. Ayant donc été l'espace de trois mois à naviguer sur la mer, nous étant arrêtés à Terre-Neuve, attendant le sieur de Roberval, et faisant provision d'eau et autres choses nécessaires, nous ne pumes arriver devant le hâvre de Sainte-Croix en Canada (où nous sommes demeurés huit mois lors de notre précèdent voyage) que le vingt-troisième jour du mois d'août. Auquel lieu les habitants du pays vinrent à nos navires, montrants une grande joie de notre arrivée; et y vînt particulièrement celui qui était le chef du pays de Canada, appelé Agona, lequel avait été nommé roi par Donnacona, que dans notre précédent voyage nous avions emmené en France. Il vint au navire du capitaine avec six ou sept barques, et avec nombre de femmes et d'enfants; et après que le dit Agona se fut informé du capitaine où étaient Donnacona et les autres, le capitaine lui répondit que Donnacona était décédé en France, et que son corps était demeuré en terre, et que les autres étaient restés en France où ils vivaient comme de grands seigneurs; qu'ils étaient mariés, et qu'ils ne voulaient pas revenir en leur Pays. Le dit Agona ne montra aucun signe de déplaisir de tout ce discours: et je crois qu'il le prit ainsi en bonne part, parce qu'il demeurait seigneur et chef du pays par la mort du dit Donnacona. Après laquelle conférence le dit Agona prit un morceau de cuir tanné de couleur jaune, et garni tout autour d'*esnoguy** (qui est leur richesse, et la chose qu'ils estiment être la plus précieuse, comme nous faisons de l'or) qui était sur sa tête telle une couronne, et le plaça sur la tête de notre capitaine; ensuite il ôta de ses poignets deux bracelets d'*esnoguy**, et les plaça pareillement sur les bras du capitaine, lui faisant des accolades, et lui montrant de grands signes de joie: ce qui n'était que dissimulation comme il nous apparût ensuite. Le capitaine prit sa couronne de cuir et la mit de rechef sur sa tête, et lui donna ainsi qu'à ses femmes certains petits présents: lui donnant à entendre qu'il avait apporté certaines choses nouvelles desquelles il lui ferait présent plus tard. Le dit Agona remercia le capitaine. Et après que ce dernier lui eut fait bonne chère ainsi qu'à sa compapnie, ils prirent leur départ et s'en retournèrent à terre avec leurs barques.

Après lesquelles choses, le dit capitaine remonta le fleuve avec deux barques au-delà de Canada et du port de Sainte-Croix pour aller voir un havre et une petite rivière qui est à environ quatre lieues en amont, laquelle fut trouvée meilleure et plus commode pour y mettre ses navires à flot et les placer, que le précédent. À son retour il fit mener tous ses navires au devant de la dite rivière, et à basse mer fit planter son artillerie pour mettre en sûreté ceux des navires qu'il entendait garder et retenir dans le pays, lesquels étaient au nombre de trois. C'est ce qu'il fit le jour suivant; et les autres navires demeurèrent dans la rade au milieu du fleuve, (auquel lieu les victuailles et autres choses qu'ils avaient apporté furent débarquées) depuis le vingt-sixième jour d'août jusqu'au deuxième de septembre, auquel temps ils firent voile pour retourner à Saint-Malo. Dans lesquels navires il renvoya Marc Jalobert son beau-frère, et Étienne Noël son neveu, tous deux excellents pilotes, et bien expérimentés; avec des lettres au roi, pour lui donner connaissance de ce qui avait été fait et trouvé: et comment Monsieur de Roberval n'était pas encore arrivé, et comme il craignait que par la cause des vents contraires et tempêtes il avait été contraint de retourner en France.

Chapitre II
Description de la rivière et du havre de Charlesbourg Royal.

La dite rivière est petite, et n'a pas plus de cinquante pas de largeur, et les navires tirant de trois brasses d'eau peuvent y entrer de pleine mer: et à basse mer il ne s'y trouve qu'un chenal d'un pied ou environ. Des deux côtés de la rivière il y a de fort bonnes et belles terres, pleines d'aussi beaux et puissants arbres que l'on puisse voir au monde, et de diverses sortes, qui ont plus de dix brasses plus haut que les autres; et il y a une espèce d'arbre qui s'étend à plus de trois brasses, qui est appellé par les gens du pays Hanneda, lequel a plus excellente vertu de tous les arbres du monde, dont je ferai mention ci-après. De plus, il y a grande quantité de chênes les plus beaux que j'ai vu de ma vie, lesquels étaient tellement chargés de glands qu'il semblait qu'ils s'allaient rompre; en outre, il y a de plus beaux érables, cèdres, bouleaux et autres sortes d'arbres que l'on n'en voit en France: et proche de cette forêt sur le côté sud, la terre est toute couverte de vignes, que nous trouvâmes chargées de grappes aussi noires que ronces, mais non pas aussi agréables que celles de France, par la raison qu'elles ne sont pas cultivées, et parcequ'elles croissent naturellement sauvages. De plus, il y a quantité d'aubépines blanches, qui ont les feuilles aussi larges que celles des chênes, et dont le fruit ressemble à celui du néflier. En somme, ce pays est aussi propre au labourage et à la culture qu'on puisse trouver ou désirer. Nous semâmes ici des graines de notre pays, tel que graines de choux, navets, laitues et autres, lesquelles fructifièrent et sortirent de terre en huit jours. L'entrée de cette rivière se trouve au sud, et elle va tournant vers le nord en serpentant; et à son entrée vers l'est, il y a un promontoire haut et escarpé où nous pratiquâmes un chemin en manière d'escaliers, et au sommet nous y fîmes un fort pour garder celui qui était au bas, ainsi que les navires et tout ce qui pouvait passer tant par le grand fleuve que par cette petite rivière. En outre, l'on voit une grande étendue de terre propre à la culture, unie et belle à voir, ayant la pente quelque peu au sud, aussi facile à mettre en culture que l'on peut le désirer, et toute remplie de beaux chênes, et autres arbres d'une grande beauté, non plus épais qu'en nos forêts de France. Ici, nous employâmes vingt de nos hommes à travailler, lesquels dans une journée labourèrent environ un arpent et demi de la dite terre, et en semèrent partie avec des navets, lesquels au bout de huit jours, comme j'ai dit ci-devant, sortirent de terre. Et sur cette haute montagne ou promontoire nous trouvâmes une belle fontaine très proche du dit fort: joignant lequel nous trouvâmes bonne quantité de pierres, que nous estimions être diamants. De l'autre côté de la dite montagne et au pied de la dite hauteur, qui est vers lefleuve, se trouve une belle mine du meilleur fer qui soit au monde, laquelle s'étend jusque proche de notre fort, et le sable sur lequel nous marchions est terre de mine parfaite, prête à mettre au fourneau. Et sur le bord de l'eau nous trouvâmes certaines feuilles d'un or fin, aussi épaisses que l'ongle. Et à l'ouest de la dite rivière il y a, comme il a été dit, plusieurs beaux arbres: et vers l'eau un pré plein d'aussi belle et bonne herbe que jamais je ne vis en aucun pré de France: et entre le dit pré et la forêt y a grande quantité de vignes: et au delà de ces vignes la terre donne abondance de chanvre lequel croît naturellement, et qui est aussi bon qu'il est possible de voir, et de même force. Et au bout du dit pré à environ cent pas, il y a une terre qui s'élève en pente, laquelle est une espèce d'ardoise noire et épaisse où l'on voit des veines de l'espèce des minéraux, et qui luisent comme or et argent: et parmi toutes ces pierres il s'y trouve de gros grains de la dite mine. Et en quelques endroits nous avons trouvé des pierres comme diamants, les plus beaux, polis et aussi merveilleusement taillés qu'il soit possible à homme de voir; et lorsque le soleil jette ses rayons sur eux, ils luisent comme si c'étaient des étincelles de feu.

Chapitre III
Comment, après le départ des deux navires qui furent envoyés en Bretagne et le commencement de la bâtisse du fort, le capitaine fit préparer deux barques pour aller à mont du fleuve afin de découvrir le passage de ses trois sauts ou chutes.

Le dit capitaine ayant dépêché deux navires pour s'en retourner et porter nouvelles, ainsi qu'il en avait eu le commandement du roi, et de ce que la bâtisse du fort avait été commencée pour la sureté des victuailles et autres choses, se détermina avec le vicomte de Beaupré, et les autres gentilshommes, maîtres et pilotes choisis pour la délibération, de faire un voyage avec deux barques fournies d'hommes et de victuailles pour aller jusqu'à Hochelaga, afin de voir et comprendre la façon des sauts d'eau qu'il y a à passer pour aller au Saguenay, afin de se mettre plus en état au printemps de passer outre, et durant la saison de l'hiver apprêter toutes choses nécessaires et en ordre pour leurs affaires. Les susdites barques ayant été apprêtées, le capitaine et Martin de Paimpont, avec d'autres gentilshommes et le reste des mariniers, partirent du dit lieu de Charlesbourg Royal le septième de septembre, de la susdite année 1540. Le vicomte de Beaupré demeura en arrière pour la garde et gouvernement de toutes choses au dit fort. Alors qu'ils remontaient le fleuve, le capitaine alla voir le seigneur de Hochelay dont la demeure est entre Canada et Hochelaga, et lequel dans le voyage précédent avait donné au dit capitaine une petite fille, et l'avait à plusieurs reprises informé des trahisons que Taiguragny et Domagaya,(que le capitaine avait emmenés en France lors de son précédent voyage), avaient désir de tramer contre lui. Pour le regard de laquelle courtoisie le dit capitaine ne voulut pas passer sans lui rendre visite; et, afin lui faire entendre qu'il comptait sur lui, il lui donna deux jeunes garçons et les lui laissa pour apprendre leur langue; et il lui fit présent d'un manteau de drap rouge de Paris, lequel manteau était tout garni de boutons d'étain jaunes et blancs et de petites clochettes. Il lui donna aussi deux bassins de laiton, avec des hachettes et des couteaux, à la vue desquels le dit seigneur parût fort joyeux, et remercia le capitaine. Après cela, le capitaine et sa compagnie partirent du dit lieu. Nous navigâmes avec un vent tellement favorable que nous arrivâmes le onzième jour du mois au premier saut d'eau, qui est à la distance de deux lieues de la ville de Tutonaguy. Une fois arrivés en ce lieu, nous nous décidâmes d'avancer aussi loin qu'il est possible avec l'une des barques et que l'autre demeurerait en cet endroit jusqu'à notre retour: et nous doublâmes l'équipage de la première afin de ramer à contre-courant du dit saut. Et après que nous nous fûmes éloignés de notre autre barque, nous trouvâmes mauvais fonds et de gros rochers, et un si grand courant d'eau qu'il nous fut impossible d'aller plus loin avec notre barque. Sur quoi, le capitaine décida d'aller à terre pour voir la nature et le mouvement du saut. Après être descendus à terre, nous trouvâmes près du rivage un sentier battu conduisant vers les dits sauts et par lequel nous nous engageâmes. Chemin faisant, et peu après, nous trouvâmes un lieu habité où les gens nous firent bon accueil et nous reçurent avec beaucoup d'amitié. Après que le capitaine leur eut fait connaître que nous allions vers les sauts, et que nous désirions nous rendre à Saguenay, quatre jeunes gens vinrent avec nous pour nous montrer le chemin et ils nous menèrent si loin que nous arrivâmes à un autre village ou campement de bonnes gens, lesquels demeurent vis-à-vis le deuxième saut. Ils nous apportèrent de leurs vivres, tels que potage et poisson, et nous les offrirent. Après que le capitaine leur eut demandé tant par signes que par paroles combien de sauts nous avions à passer pour aller à Saguenay, et quelle était la direction et la longueur du chemin à parcourir, ce peuple nous montra, et donna à entendre, que nous étions au deuxième saut, et qu'il n'y avait qu'un autre saut à passer, que la rivière n'était pas navigable pour se rendre à Saguenay, et que le dit saut n'était qu'à une distance du tiers du chemin que nous avions parcouru jusqu'ici; ce qu'ils nous montrâmes avec certains petits bâtons qu'ils placèrent sur le sol à certaines distances, et ensuite mirent certaines autres petites branches entre les deux, représentant ainsi les dits sauts. Et d'après les dites marques, s'ils disent vrai, il ne peut y avoir que six lieues pour passer les dits sauts par voie de terre.

Chapitre IV
Description des trois sauts ou courants d'eau
qui sont au dessus de Hochelaga.

Après que nous fûmes avertis par le dit peuple des choses ci-dessus dites, tant parce que la journée était bien avancée, et que nous n'avions ni bu ni mangé de cette journée, nous résolûmes de retourner à nos barques, et y étant arrivés, nous trouvâmes grande quantité de peuples au nombre de quatre cents ou environ, lesquels semblaient être très réjouis et joyeux de notre arrivée: et pour ce, le capitaine donna à chacun d'eux certains petits présents, tels que peignes, épingles d'étain et de laiton, et autres petits ornements, et à chacun des chefs une hachette et un hameçon, à la suite de quoi ils se livrèrent à des cris et à des manifestions de joie. Mais néanmoins, un homme doit se garder de toutes ces belles cérémonies et signes de joie car, s'ils s'étaient crus plus forts que nous, ils auraient fait de leur mieux pour nous tuer, ainsi que nous l'avons appris par la suite. Après cela, nous retournâmes avec nos barques, et passâmes près de la demeure du seigneur d'Hochelay, chez qui le capitaine avait laissé les deux jeunes garçons en remontant la rivière, pensant le trouver là. Mais il ne put y trouver personne, sauf l'un de ses fils, lequel dit au capitaine qu'il était allé à Maisouna, ainsi que nous le dirent aussi nos garçons, disant qu'il était parti depuis deux jours. Mais de vrai, il était allé à Canada pour délibérer avec Agona de ce qu'ils pouvaient entreprendre contre nous. Et lorsque nous fûmes arrivés à notre fort, il nous fut dit par nos gens, que les sauvages du pays ne venaient plus autour de notre fort comme ils avaient coutume de faire pour nous apporter du poisson, et qu'ils nous redoutaient et nous craignaient étrangement. Notre capitaine ayant donc été averti par quelques-uns des nôtres qui avaient été à Stadaconé pour les voir, qu'il y avait un monde considérable du peuple du pays qui y étaient assemblés, fit apprêter toutes les choses et mettre notre fort en bon ordre, etc.

La suite manque.

Lettres de Jacques Noël

I

Lettre écrite à M. John Growte étudiant à Paris, par Jacques Noël de Saint-Malo, neveu de Jacques Cartier, au sujet des découvertes dont il vient d'être parlé.

Maître Growte,

Votre beau-frère Giles Walter m'a montré ce matin une carte imprimée à Paris, dédiée à un certain M. Hakluyt, un gentilhomme anglais, représentant toutes les Indes occidentales, le royaume du Nouveau Mexique, et les contrées de Canada, Hochelaga et Saguenay. Je remarque que le fleuve de Canada qui est décrit dans cette carte n'est pas indiqué comme il l'est dans mon livre, lequel est conforme à celui de Jacques Cartier: et que ladite carte n'indique pas le Grand Lac, qui est en amont des sauts, selon les sauvages qui habitent près de ces saut. Dans la carte précitée que vous m'avez envoyée, le Grand Lac est placé bien trop au nord. Les sauts ou chutes du fleuve sont à quarante-quatre degrés de latitude: ce n'est pas une affaire si ardue qu'on le pense que de les passer: l'eau n'y tombe point d'une grande hauteur et il n'y a qu'au mitant du fleuve qu'il y ait un mauvais fond. Il vaudrait mieux construire des barques en amont des sauts car il est aisé de marcher ou de voyager par terre jusqu'à la fin des trois sauts: ce trajet n'est pas de cinq lieues. Je suis allé au sommet d'une montagne, au pied de laquelle sont les sauts, duquel j'ai vu ladite rivière en amont desdits sauts, qui semble plus large qu'à l'endroit où nous l'avons franchie. Les gens de ce pays nous ont avertis qu'il faut dix jours pour se rendre à ce Grand Lac. Nous ne savons pas combien de lieues ils parcourent en un jour. En ce moment je ne peux vous en écrire plus, parce que le messager ne peut rester plus longtemps. Je vais donc ici m'arrêter pour cette fois-ci, vous adressant mes plus cordiales salutations et priant Dieu qu'il exauce vos vœux les plus chers. Envoyé en hâte de Saint-Malo ce 19 juin 1587.

Votre ami affectionné,
Jacques Noël.

II

Cousin,

Pourriez-vous me faire le grand plaisir de m'envoyer un livre sur la découverte du Nouveau Mexique et une de ces nouvelles cartes des Indes occidentales dédiées à M. Hakluyt, le gentilhomme anglais, que vous avez envoyées à votre beau-frère Giles Walter? Je ne manquerai pas de m'informer s'il y a moyen de trouver les descriptions que le capitaine Cartier fit de ses deux derniers voyages en Canada.

III

Je ne peux rien vous écrire de plus au sujet des écrits de feu mon oncle Jacques Cartier, bien que je les ai recherchés partout où cela est possible dans cette ville. Il y a bien un certain livre fait en manière de carte marine et qui été dessiné de la main de mon dit oncle; il est en la possession de maître Cremeur. Ce livre est assez bien fait et dessiné pour ce qui est du fleuve du Canada, lequel je connais bien, car je me suis rendu moi-même jusqu'aux sauts. Ces sauts se trouvent à quarante-quatre degrés de latitude. J'ai pu lire sur ladite carte, au-delà de l'endroit où le fleuve se sépare en deux, au milieu des deux branches du fleuve et un peu plus près du bras qui courre du nord-ouest, les mots suivants de la main de Jacques Cartier:

«Par les gens du Canada et d'Hochelaga il est dit qu'ici est la terre de Saguenay, qui est riche et regorge de pierres précieuses.»

Et à quelques cent lieues plus bas sur cette même carte, je lis encore deux lignes, vers le sud-ouest:

«Dans ce pays sont la cannelle et le girofle que dans leur langue ils appellent *canodeta*.»

Quant à la teneur du livre dont je vous ai parlé, il a l'apparence d'une carte marine, et je l'ai confié à mes deux fils Michel et Jean qui sont actuellement en Canada. Si à leur retour, qui est prévu, si Dieu le veut, pour la Sainte-Madeleine, ils ont appris quelque nouvelle chose méritant d'être relatée par écrit, je ne manquerai pas de vous en avertir aussitôt.

Votre ami affectionné,
JACQUES NOËL.

Voyage de Roberval
(1542-1543)

*Le voyage de Jean-François de la Roque,
chevalier, sieur de Roberval, aux pays de
Canada, Saguenay et Hochelaga, avec
trois grands navires et deux cents personnes,
tant hommes que femmes et enfants,
commencé en avril 1542; auquels lieux
il est demeuré pendant l'été de la même
année, et tout l'hiver suivant.*

Chapitre I

Le sieur Jean-François de la Roque, seigneur de Roberval, nommé par le roi comme son lieutenant des pays du Canada, Saguenay et Hochelaga, muni de trois grands navires qui avaient été pourvus aux frais du roi, et ayant sur sa flotte deux cens personnes tant hommes, que femmes, accompagné de diverses personnes de qualité, savoir: de Monsieur Saineterre, son lieutenant; L'Espinay, son enseigne; le capitaine Guinecourt; Monsieur Noirefontaine; Dieu Lamont; Frotte; La Brosse; Francis de Mire; La Salle, et Roieze, et Jean Alphonse de Xaintoigne, excellent pilote, fit voile de la Rochelle le 16 avril 1542. Le même jour vers les midi, nous nous trouvâmes devant le travers de Chef-de-Boys, où nous fûmes contraints de passer la nuit suivante. Le lundi dix-septième du dit mois, nous quittâmes Chef-de-Boys. Le vent nous fut favorable pendant quelque temps, mais en peu de jours il devint tout à fait contraire, ce qui retarda notre route pendant longtemps, car nous fûmes soudainement forcés de retourner en arrière, et de chercher un abri au havre de Belle-Isle sur la côte de Bretagne, où nous demeurâmes si longtemps, et éprouvâmes tant de vents contraires en chemin, que nous ne pûmes atteindre la Terre-Neuve que le septième jour de juin. Le huit de ce mois, nous entrâmes au havre de Saint-Jean, où nous trouvâmes dix-sept bateaux de pêcheurs. Durant notre long séjour en cet endroit, Jacques Cartier et sa compagnie venant du Canada où il avait été envoyé l'année précédente avec cinq navires, arriva au même havre. Après avoir rendu ses devoirs à notre général, il lui dit, qu'il avait apporté quelques diamants, et une quantité de pépites d'or qu'il avait trouvés au pays. Le dimanche suivant, on fit l'essai de cet or dans un fourneau, et il se révéla bon.

De plus, il dit au général qu'il n'avait pu, avec ses hommes, résister aux sauvages, qui rodaient journellement et l'incommodaient fort, et que c'était là la cause qui le portait à revenir en France. Cependant, lui et sa compagnie louèrent fort le pays comme étant très riche et très fertile. Mais lorsque notre général, qui avait des forces suffisantes, lui eut commandé de retourner avec lui, lui et ses gens, animés semble-t-il par l'ambition, parce qu'ils voulaient avoir toute la gloire d'avoir fait la découverte de tous ces objets, se sauvèrent secrètement de nous la nuit suivante, et sans prendre aucun congé prirent le chemin du retour pour se rendre en Bretagne.

Nous passâmes la meilleure partie du mois de juin au hâvre de Saint-Jean, tant pour nous approvisionner d'eau fraiche, laquelle nous avait manqué durant toute la route, que pour accommoder une querelle qui s'était élevée entre des gens de notre pays et quelques Portugais. Enfin, vers le dernier jour du même mois, nous prîmes notre départ et nous entrâmes dans la grande baie, passâmes par l'îsle de l'Ascension, et nous arrivâmes finalement à quatre lieues à l'ouest de l'îsle d'Orléans. En cet endroit, nous trouvâmes un havre commode pour nos navires où nous jettâmes l'ancre, et nous nous rendîmes à terre avec nos gens, et fîmes le choix d'une place commode pour nous fortifier, capable de commander le fleuve, et de pouvoir résister à l'attaque de nos ennemis. En sorte que vers la fin de juillet, nous avions apporté à terre toutes nos provisions et autres munitions, et nous commençâmes à travailler pour nous fortifier.

Chapitre II
Du fort de France-Roy, et de ce qui fut fait en cet endroit.

Ayant décrit le commencement, le milieu et la fin du voyage que fit Monsieur de Roberval dans les pays de Canada, Hochelaga, Saguenay, et autres pays dans les contrées occidentales: il navigua si avant (comme il est écrit dans d'autres mémoires) qu'il aborda enfin le dit pays, accompagné de deux cents personnes, soldats, mariniers et gens du commun, avec tout ce qui était nécessaire à une flotte. Le général susdit, dès son arrivée, fit bâtir un beau fort, proche et un peu a l'ouest de Canada, lequel était très beau à voir, et d'une grande force, étant sur une hauteur et comprenant deux corps de logis, une grosse tour, et un bâtiment d'une longueur de quarante ou cinquante pieds, où il y avait diverses chambres, une salle, une cuisine, des chambres d'office, des celliers haut et bas, et proche d'eux il y avait un four et des moulins, ainsi qu'un poêle pour y chauffer les gens, et un puits au devant de la maison. Le bâtiment dominait le fleuve de Canada appelé France-prime par Monsieur de Roberval. Au pied de cette hauteur se trouvait un autre logement, dont une partie formait une tour à deux étages, avec deux bons corps de logis, où l'on gardait toutes les provisions et tout ce que nous avions apporté. Près de cette tour il y a une autre petite rivière. Dans ces deux endroits, tant en bas qu'en haut, furent logés les gens du commun.

Durant le mois d'août, et au début de septembre, chacun fut employé à la besogne qu'il se trouvait capable de faire. Mais le quatorze septembre notre général susdit renvoya en France deux navires qui avaiant apportés ses effets, et il nomma sur l'un Monsieur Saine-terre amiral, et sur l'autre, pour capitaine, Monsieur Guinecourt, afin de donner avis au roi, et de revenir l'année suivante avec des victuailles et d'autres fournitures, ainsi qu'il plairait au roi. Il leur demanda aussi d'apporter des nouvelles de France pour savoir comment le roi avait accepté certains diamants trouvés en ce pays et qu'on lui avait envoyés.

Après le départ de ces deux navires, on délibéra sur ce qu'il fallait faire, et de la manière qu'on passerait l'hiver dans cet endroit. On fit premièrement l'examen des provisions, et l'on trouva qu'elles seraient insuffisantes. On fut rationné de manière que chaque troupe n'avait que deux pains pesant chacun une livre, et une demi-livre de bœuf. L'on mangeait du lard au déjeuner, avec une demie livre de beurre, et du bœuf au souper, avec environ deux poignées de fèves, sans beurre.

Les mercredis, vendredis et samedis, on mangeait de la morue séchée et quelques fois de la fraîche au diner, avec du beurre, et au souper du marsouin et des fèves.

Vers ce temps les sauvages nous apportèrent une grande quantité d'aloses, qui sont des poissons presques aussi rouges que des saumons, pour avoir de nous des couteaux et d'autres bagatelles. À la fin, plusieurs de nos gens tombèrent malades d'une certaine maladie dans les jambes, les reins et l'estomac, de telle sorte qu'ils paraissaient avoir perdu l'usage de tous leurs membres, et il en mourut environ cinquante de la sorte.

Il est à remarquer que la glace commença à fondre en avril.

Monsieur de Roberval faisait bonne justice, et punissait chacun selon son offense. Un dénommé Michel Gaillon fut pendu pour vol. Jean de Nantes fut mis aux fers, et enfermé au cachot pour sa faute, et d'autres furent pareillement mis aux fers; et plusieurs furent fouettés, tant hommes que femmes:

au moyen de quoi, ils vécurent en paix et tranquillité.

Chapitre III
Des mœurs des sauvages.

Pour vous décrire la condition des sauvages, il faut dire à ce sujet que ces peuples sont de bonne stature et bien proportionnés, ils sont très blancs, mais vont tout nus, et s'ils étaient vêtus à la façon de nos Français, ils seraient aussi blancs, et auraient aussi bon air; mais ils se peignent afin de se protéger de la chaleur et de l'ardeur du soleil.

Au lieu de vêtements, ils portent sur eux des peaux à la manière de manteaux, ils ont de petits pagnes qui leur servent à couvrir leurs parties naturelles, les hommes comme les femmes. Ils ont des bas et des chaussures de cuir proprement façonnés. Ils ne portent point de chemises, et ne se couvrent point la tête, mais leurs cheveux sont relevés en haut de la tête, et tortillé ou tressés. Pour ce qui est de l'alimentation, ils se nourrissent de bonnes viandes, toutefois sans aucun sel; mais ils la font sécher et ensuite griller, et ce tant le poisson que la viande.

Ils n'ont aucune demeure arrêtée, mais vont d'un lieu à l'autre, là où ils croient qu'ils pourront mieux trouver leur nourriture, c'est-à-dire des aloses dans un endroit, et ailleurs d'autres poissons, tels que le saumon, l'esturgeon, le mulet, le surmulet, le bar, la carpe, l'anguille, le pimperneau et d'autres poissons d'eau douce et de nombreux marsouins. Ils se nourrissent aussi du cerf, du sanglier, du bœuf sauvage, des porcs-épics et nombre d'autres bêtes sauvages.

Le gibier s'y trouve en aussi grande abondance qu'ils peuvent désirer.

Pour ce qui concerne leur pain, ils le font délicieux, avec de gros mil: ils vivent bien, car pour autre chose, ils n'ont aucun souci.

Ils boivent de l'huile de phoque, mais ils la réservent pour leurs grandes fêtes.

Ils ont un roi dans chaque pays, auquel ils sont merveilleusement soumis, et ils lui font honneur selon leurs manières et leurs façons. Lorsqu'ils voyagent d'un lieu à un autre, ils emportent dans leurs canots tout ce qu'ils possèdent.

Les femmes nourissent leurs enfants à la mamelle, et sont continuellemeut assises et le ventre enveloppés avec des fourrures.

Chapitre IV
Le voyage que fit le sieur de Roberval de son fort de Canada, au Saguenay, le 5 juin, 1543.

Monsieur de Roberval, lieutenant général pour le roi dans les pays de Canada, Saguenay et Hochelaga, prit son départ pour aller à la dite province de Saguenay le mardi 5 juin 1543, après souper. Il s'était rendu à bord des barques avec tous ses effets pour faire le voyage susdit. Mais à cause de quelques circonstances qui survinrent, les dites barques demeurèrent dans la rade vis-à-vis du lieu ci-devant nommé. Mais le mercredi vers les six heures du matin, elles firent voile, naviguant contre le courant. La flotte était composée de huit barques tant grandes que petites, et il y avait à bord soixante-dix personnes avec le dit général.

Le général laissa au fort le nombre de trente personnes qui devaient y rester jusqu'à son retour de Saguenay, qui devait être le premier juillet; faute de quoi ils devaient retourner en France. Et il ne laissa en ce lieu que deux barques pour y transporter les trente personnes, avec tout ce qui s'y trouvait pendant son séjour au pays.

Et pour veiller à tout cela, il laissa comme son lieutenant, un gentilhomme nommé Monsieur de Royeze, auquel il donna sa commission et enjoignant à tous les gens de lui porter obéissance et de se tenir aux ordres du dit lieutenant.

Les vivres qui avaient été laissés pour leur subsistance jusqu'au premier jour de juillet furent reçus par le dit lieutenant Royeze.

Le jeudi quatorze juin, Monsieur de l'Espiney, La Brosse, Monsieur Frete, Monsieur Longeval et d'autres revinrent de l'expédition de Saguenay, de là où se trouvait le général.

Et il est à remarquer qu'une barque fut perdue et huit personnes furent noyées, parmi lesquelles se trouvaient le Monsieur de Noirefontaine et un nommé Le Vasseur de Coutances.

Le mardi dix-neuf juin arrivèrent, sur ordre du général, Monsieur de Villeneufve, Talebot, et trois autres, lesquels apportaient cent vingt livres de blé avec des lettres demandant d'attendre jusqu'à la veille de la Sainte Madeleine, qui est le vingt-deux juillet

La suite manque.

Chronologie

1491	Naissance de Jacques Cartier à Saint-Malo, en Bretagne
1520	Cartier épouse Catherine des Granches
1532	Jean Le Veneur, abbé du Mont Saint-Michel et évêque de Saint-Malo, propose à François Ier une exploration du Nouveau Monde et lui présente Cartier, qu'il recommande comme commandant de l'expédition. Mgr Le Veneur souligne que le navigateur est déjà allé au Brésil et à la Terre-Neuve. C'est là un des rares indices qu'il y ait au sujet des antécédents de Cartier.

1534
PREMIER VOYAGE

	Une charge royale est délivrée en début d'année à Jacques Cartier. Ce document est perdu, mais on sait que François Ier espère que l'explorateur découvre de l'or et d'autres richesses.
20 avril	Cartier quitte Saint-Malo avec deux

	navires et 61 hommes. Une traversée de vingt jours le mène à Terre-Neuve, dont il connaît manifestement les parages.
10 mai	Arrivée au cap de Bonne-Viste (Bonavista). Début du séjour au havre Sainte-Catherine (Catalina Harbour).
20 mai	Cartier se rend à l'île des Oiseaux (Funk Island).
27 mai	Arrivée au détroit de Belle-Isle, à la pointe nord de la Terre-Neuve. Le récit signale un arrêt au «Karpont».
9 juin	L'expédition longe la Côte-Nord. Explorations en barques.
12 juin	Rencontre d'un navire de La Rochelle, puis d'autochtones – peut-être des Béothuks. Cartier est déçu par la Côte-Nord, mais a enrichi la toponymie européenne: baie Sainte-Catherine, Toutes Iles, havres Saint-Antoine et Saint-Servan, rivière Saint-Jacques et havre Jacques-Cartier (Cumberland).
15 juin	Les navires quittent le havre de Brest (baie Bonne Espérance) et voguent «sur le su».
16-18 juin	Exploration de la côte nord-ouest de Terre-Neuve, dont il ne démontre pas l'insularité bien qu'il devine le détroit de Cabot.
19-25 juin	Mauvais temps.

25 juin	Passage aux îles de Margaulx (Rochers aux Oiseaux) et à l'île Brion, nommée en l'honneur de l'amiral Chabot de Brion.
26 juin	Arrivée aux îles de la Madeleine, confondues avec le continent.
29 juin	Cartier aperçoit l'île du Prince-Édouard.
30 juin	Cartier arrive à l'île du Prince-Édouard, il y croise des «barques de sauvaiges» (Mikmaks).
4-12 juillet	Exploration de la «baye des Chaleurs»; le 6 des Mikmaks sont effrayés par l'artillerie, le lendemain on commerce avec eux.
16-25 juillet	L'expédition séjourne dans la baie de Gaspé.
24 juillet	Une croix est érigée; deux Autochtones (des Iroquoïens du Saint-Laurent du groupe de Donnacona en voyage de pêche) sont enlevés. Méconnaissant l'usage amérindien, Cartier ne laisse pas d'otages en garantie.
28-29 juillet	Cartier contourne l'île d'Anticosti.
1er-5 août	Vaine recherche d'un passage entre la Côte-Nord et l'île d'Anticosti. Le mauvais temps influence la décision du retour. Rencontre de Montagnais et d'un équipage français.
9-15 août	Séjour à Blanc-Sablon.
5 septembre	Arrivée à Saint-Malo.

30 octobre	Nouvelle commission délivrée par l'amiral Chabot de Brion à Cartier. François Ier contribue de 3 000 livres à l'entreprise.

1535-1536
Deuxième voyage

16 mai	L'expédition est bénie à la cathédrale de Saint-Malo
19 mai	La *Grande Hermine*, la *Petite Hermine*, l'*Émérillon* et leurs 110 hommes d'équipage quittent Saint-Malo. On y compte Jehan Poullet, auteur présumé de la seconde relation, et Étienne Noël, neveu de Cartier, ainsi que Domagaya et Taignoamy, les deux autochtones enlevés l'année précédente. La traversée prendra cinquante jours.
25 mai	Les trois bâtiment «s'entreperdent».
7 juillet	Le navire de Cartier, la *Grande Hermine*, arrive à l'île des Oiseaux (Terre-Neuve).
8 juillet	Arrivée à Blanc-Sablon. Attente.
26 juillet	Les navires sont à nouveau réunis.
29 juillet	L'expédition lève l'ancre et longe la Côte-Nord. Découverte des îles Saint-Guillaume.
30 juillet	Les îles Sainte-Martre et Saint-Germain sont à leur tour découvertes.

1er août	Cartier fait ériger une croix au havre Saint-Nicolas (baie Mascanin à l'ouest de Natashquan); l'expédition y séjourne jusqu'au 8.
9-10 août	Séjour dans une baie baptisée Saint-Laurent (aujourd'hui Sainte-Geneviève). Ce nom s'est avec le temps étendu au fleuve.
14-15 août	Les deux Iroquoïens embarqués montrent à Cartier la direction de l'amont. Passage décisif: Cartier vogue vers l'ouest et passe enfin le détroit entre la Côte-Nord et Anticosti, dont l'insularité est reconnue.
19 août	La flotille arrive aux Sept Iles (îles Rondes), où elle restera cinq jours.
1er septembre	Cartier croise sur tribord une rivière «fort parfonde et courante», le Saguenay.
2 septembre	Passage à l'île aux Lièvres.
6 septembre	Découverte d'une île où les Autochtones pratiquent la pêche au béluga (marsouin) et où abondent les noisetiers: l'île aux Coudres.
7 septembre	Arrivée à l'île d'Orléans, nommée île Bacchus parce qu'il y pousse semble-t-il des vignes. Les interprètes de Cartier reconnaissent des membres de leur nation.
8 septembre	Rencontre et festin avec Donnacona, «seigneur de Canada», c'est-

	à-dire chef du bourg de Stadaconé (emplacement de Québec). Le terme de «Canada» ne s'applique alors qu'aux alentours de Stadaconé.
14 septembre	Les Français s'installent à l'embouchure de la rivière Sainte-Croix (Saint-Charles), au pied du promontoire de Stadaconé, malgré la réticence des interprètes.
15-17 septembre	Les relations entre Cartier et Domagaya et Taignoamy se dégradent. L'explorateur désire se rendre en amont, vers Hochelaga, ce que désapprouve Donnacona et ses fils. Les gens de Stadaconé cherchent à garder l'exclusivité du commerce avec les Français.
19 septembre	Départ de l'*Émérillon* et de deux barques pour Hochelaga, mais sans interprètes. Halte à Achelacy (Portneuf) où une alliance est conclue avec le chef local.
28-29 septembre	Arrivée au lac Angoulême (Saint-Pierre). Cartier y laisse son navire et l'expédition se poursuit avec les barques, transportant une trentaine d'hommes. Rencontre de cinq Amérindiens qui confirment à Cartier qu'il est à proximité d'Hochelaga.
2 octobre	Cartier est en vue d'Hochelaga, bourg iroquoïen fortifié. «Plus de mil personnes» leur font bon

	accueil, mais les Français se retirent dans les barques pour la nuit.
3 octobre	La troupe en armes se rend à la ville où elle est reçue avec enthousiasme. Ascension du Mont-Royal, baptisé le jour même.
	Cartier reconnaît l'insularité de Montréal et le saut (les rapides de Lachine) qui bloque le passage vers l'ouest. La géographie laurentienne se précise (chaînes de montagnes, plaines). Cartier croit comprendre que des métaux précieux proviennent de l'ouest.
	L'expédition repart le même jour.
4 octobre	L'*Émérillon* est rejoint au lac Saint-Pierre. Il reprend la direction de Stadaconé le lendemain.
7 octobre	Érection d'une croix à l'embouchure de la rivière de Fouez (Saint-Maurice).
11 octobre	Retour à Sainte-Croix. Les Français y sont à se fortifier. Les relations sont tendues puis rompues entre l'équipage et les habitants de Stadaconé.
5 novembre	Reprise des relations avec les autochtones.
Mi-novembre	L'hiver débute. Cartier et ses hommes en éprouveront les rigueurs jusqu'à la mi-avril.
Décembre	Le scorbut, causé par une carence en vitamines, se manifeste à Stada-

	coné puis atteint durement l'équipage malouin.
Mi-*février* 1536	Huit Français sont déjà mort du scorbut et il n'y en pas dix qui soient épargnés. Une procession solennelle mène les hommes en prière à une image de la Vierge.
Mars	Le secret de l'*annedda*, une décoction amérindienne, est communiqué à Cartier. Cette potion viendra à bout du scorbut, qui aura fait 25 victimes dans l'équipage.
22 *avril*	Donnacona revient de la chasse d'hiver et un grand rassemblement annuel se tient à Stadaconé. Cartier sent que se dessine une fronde contre le chef.
3 *mai*	Cartier profite de l'érection d'une croix pour capturer Donnacona, deux de ses fils et quelques uns de leurs compatriotes. Méconnaissant l'usage amérindien, Cartier ne laisse pas d'otages en garantie, mais promet de ramener ces prisonniers l'année suivante.
5 *mai*	Adieux de Donnacona à son peuple.
6 *mai*	Les navires de Cartier lèvent l'ancre, excepté la *Petite Hermine* abandonnée en raison d'un manque de marins.
7-15 *mai*	Halte à l'île aux Coudres.
16 *mai*	Arrivée à l'île aux Lièvres

17-21 mai	Nouveau séjour à l'île aux Coudres. Cartier repart vers l'est mais en passant cette fois au sud d'Anticosti.
24 mai	Les navires arrivent à l'île Brion, puis le lendemain aux l'îles de la Madeleine dont l'insularité est remarquée.
4 juin	Arrivée à Port aux Basques (Terre-Neuve).
11-16 juin	Séjour aux îles Saint-Pierre. Cartier, en passant au sud de Terre-Neuve, découvre le passage qui existe entre elle et le Cap-Breton (détroit de Cabot).
19 juin	Début de la traversée vers la France.
16 juillet	Arrivée à Saint-Malo.
1537	
15 mai	Le roi, pour récompenser Cartier de ses découvertes et des espoirs qu'elles suscitent et surtout le dédommager des frais du voyage, lui offre la *Grande Hermine*.
1538	
30 septembre	Un mémoire proposant l'établissement d'un genre de «colonie-comptoir» en Canada est soumis au connétable de Montmorency. L'attribution à Cartier de ce document est incertaine quoique plausible.
1540	
17 octobre	Une commission royale est délivrée

à Cartier pour un troisième voyage. Le navigateur est commandant de l'expédition projetée et il reçoit le droit de chercher dans les prisons cinquante hommes pour son équipage.

1541

15 janvier   Cartier est subordonné à Jean-François La Rocque de Roberval, qu'une nouvelle commission royale nomme à la tête de l'expédition et d'une ambitieuse entreprise de colonisation et d'évangélisation. Extrait d'une famille d'ancienne noblesse, mais calviniste à la fortune mal assurée, Roberval est fait «lieutenant général [du roi] en pays de Canada».

1541-1542
TROISIÈME VOYAGE

23 mai   Cartier part de Saint-Malo avec cinq navires, dont la *Grande Hermine* et l'*Émérillon*. Certains sources estiment l'équipage à 1500 hommes, parmi lesquels on compte encore Étienne Noël, mais aucun des Iroquoïens ramenés en 1536… Presque tous ont déjà la France pour tombeau.
Roberval, dont l'armement des na-

	vires tarde, doit différer son propre départ.
23 août	Cartier reparaît devant Stadaconé qui l'accueille avec une joie apparente. À Agona, successeur de Donnacona, et aux autres Stadaconéens, il apprend la mort de l'ancien chef mais leur fait aussi croire que les autres exilés préfèrent la vie en Europe.
	Méfiant, Cartier délaisse Sainte-Croix et s'installe plutôt à Charlesbourg Royal (Cap-Rouge), à l'ouest du cap aux Diamants.
2 septembre	Le pilote Mace Jalobert et Étienne Noël sont envoyés en France avec deux navires. Cartier les charges d'y faire rapport. La construction de deux forts, un au sommet du cap et l'autre au pied, commence.
7 septembre	Départ de Cartier pour Hochelaga. Il y aura encore bon accueil, mais sa connaissance du continent ne progresse pas de manière significative.
Hiver 1542	Il n'y a pas de narration de l'hivernage, toutefois les relations entre la petite colonie et les Iroquoïens semblent empreintes d'hostilités.

1542-1543
VOYAGE DE ROBERVAL

16 avril	Roberval lève enfin l'ancre de La

	Rochelle, avec trois navires.
7 juin	Roberval arrive en vue de Terre-Neuve.
8 juin	Arrivée de Roberval au havre de Saint-Jean (Terre-Neuve) où il rencontre 17 navires de pêcheurs.
juin	Cartier quitte le cap Rouge avec les richesses qu'il croit avoir trouvées en Canada. Il rencontre Roberval à Saint-Jean.
19 juin	Passant outre à l'ordre de Roberval qui lui ordonne de rester, Cartier profite de la nuit pour abandonner son commandant et voguer vers la France. Roberval est privé de précieuses ressources humaines et, surtout, de toute connaissance pratique du Canada.
30 juin	La flotille de Roberval s'engage dans le golfe du Saint-Laurent.
Fin juillet	La colonie de Roberval est installée à Charlesbourg-Royal, rebaptisé France-Roy.
Septembre	Jacques Cartier est à Saint-Malo. Les diamants et l'or qu'il croit présenter au roi ne sont que du quartz et de la pyrite de fer. De cette méprise restera le proverbe «faux comme diamants en Canada».
14 septembre	Roberval envoie Auxhilon de Sauveterre et Guignecourt, avec deux navires, demander des provisions en France

Hiver 1543	Difficile hivernage, marqué par la maladie et la disette, et durant lequel Roberval aurait fait appliquer une discipline très sévère.
26 janvier	Le roi permet à Auxhilon de repartir en Canada avec les deux vaisseaux de ravitaillement.
5 juin	Roberval et 70 hommes partent explorer le Saguenay. Ils en reviendront sans y avoir découvert de richesses.
14 juin	Quelques gentilshommes sont de retour à France-Roy, d'autres les rejoindront le 19.
Septembre	Roberval est de retour en France. Lorsque les navires de secours sont arrivés en Canada, il a décidé de repartir avec tout son monde, mettant ainsi fin à sa tentative de colonisation.
1545	Le *Brief recit* du deuxième voyage est publié à Paris
1556	Édition par Ramusio de la traduction italienne des relations des deux premiers voyages de Cartier
1557 *1er septembre*	Jacques Cartier meurt à Saint-Malo, après, semble-t-il, avoir vécu une existence de bourgeois respectable.
1560	Assassinat de Roberval à Paris.
1580	À Londres paraît une traduction par

	Florio des deux premières relations de Cartier.
1598	Parution à Rouen du *Discours du voyage*, traduction française de la première relation telle que publiée par Ramusio.
1600	Hakluyt fait paraître en anglais les *Principall Navigations* où se trouvent les relations des trois voyages de Cartier et de celui de Roberval.
1843	G.-B. Faribault publie, sous les auspices de la Société littéraire et historique de Québec, les *Voyages de découverte au Canada entre les années 1534 et 1542*. Il s'agit de la première publication française de l'ensemble des récits des explorations de Cartier et Roberval au Canada. L'édition est reprise en fac-similé en 1968 par les Éditions Anthropos (Paris).
1860	Alors que se développe une histoire nationale et nationaliste du Canada français, une véritable *cartiermanie* apparaît, rendant gloire au «père fondateur» de la colonie du Saint-Laurent. Divers hommages sont rendus au navigateur, tant dans l'historiographie et la littérature que les Beaux-Arts. Même le mobilier exprime cet engouement pour le découvreur.

1865-1867	Un manuscrit français de la première relation est découvert et publié.
1890	La *cartiermanie* gagne les Canadiens anglais qui y voient eux aussi le premier initiateur de leur pays. À la fin du XXe siècle, la figure de Cartier sera remplacée dans l'imaginaire canadien anglais par celle de John Cabot (Jean Cabot ou Giovanni Caboto), considéré comme le découvreur de Terre-Neuve, province de la fédération canadienne depuis 1949 seulement.
1924	Une première édition critique des *Voyages* de Cartier, préparée par H. P. Biggar, paraît à Ottawa.
1934	Plusieurs célébrations de la «découverte» de Cartier un peu partout au Canada français.
1986	Les *Relations* de Cartier sont publiées dans une nouvelle édition critique par Michel Bideaux dans la Bibliothèque du Nouveau-Monde des Presses de l'Université de Montréal.

Glossaire

ACCOINCTER: aborder
ACORÉ: abrupt, escarpé
ADANS: face contre terre (dans le cas d'un canot «à l'envers»)
ADHOTHUYS: marsouins blancs, que l'on désigne aujourd'hui par le terme russe bélouga
AFFOURCQ: fourche, fourchette
AINS: mais
AISTRE: âtre, foyer
ALAISER: amincir (terme technique)
AMBULATAIRE: nomade
ANCOMBRIER: obstacle
APERTEMENT: ouvertement, directement
APOINCTÉ: aigü, pointu
APPONATZ: pingouins
ARAINEUX: sablonneux
ARASIFFE: récif
ASOUMIR: diminuer
ATTRAIRE: attirer
AULCUNS: d'aucun
AVALLER: descendre, en parlant d'un cours d'eau
AVAULX: sous l'effet de. «Avaulx le vent», au gré du vent

BARGE: en fait *barce*, pièce d'artillerie
BOUL, BOULZ: bouleau
BOUTTER: pousser hors, «boutter à flot» une barque signifie la pousser à la mer
BUTTEROLLE: butte, monticule
BYEVRE: castor

CARMYR: tomber, en parlant du vent
CHAMPAIGNE: campagne, plaine
CHOISTE: chute
CHOMMER: être oisif
CIRCUIRE: entourer
CIRCUITTE: entourée, circonscrite
CONCHE: anse, baie
CONNIN, CONNYN: lapin; les «ratz groz comme connyns» sont des rats musqués
CORBIN: corbeau, corvidé
CORNIBOTZ: cornet de mer, coquillage. C'est avec cette «pourcelaine» que les Amérindiens confectionnaient les fameux wampums.
COULDRE: noisetier
COURAIGE: intention, cœur
CUYDER: penser

DAVANTAIGE: de plus
DECEPVANT: trompeur (l'anglais garde ce sens dans *deception*)
DECHOIR: dévier
DECOURIR: parcourir
DEPPORTER (SE): s'abstenir de
DESERTER: défricher
DESLIBERER: décider
DESSERVIR: mériter (l'anglais a conservé ce sens)

DESTROUCE: malheur, traîtrise
DIVISER: deviser, raconter

EBBE: marée basse
EFFARABLE: effrayant
ENCHEOIR: choir, tomber
ENLOUER: salir (sens incertain)
ESNOGUY: wampum
ESPRINS: saisi
ESTORÉ: pourvu

FESTIVER: festoyer
FORILLON: pointe

GALLIFESTER: calfater
GODEZ: oiseaux marins voisins de la marmette, dit encore aujourd'hui «godes»
GRÉ (À): propice, favorable

HABLE: havre, port
HAIRER: nicher
HEBE: voir Ebbe
HESIER, HESSIER: ce mot au sens exact inconnu décrit les environs de Green Island
HUCHER: appeler en criant
HULLER: hurler

INNUMERABLE: innombrable

JÀ: déjà

LAISSE, LAIZE, LEISE: largeur
LANCE À FEU: arme utilisant des principes pyrotechniques pour projeter des matières enflammées

LOUERE: loutre

MARCQ: pâte végétale
MARGAULX: fous de Bassan
MAULVYS: goéland ou mouette
MERCHE: marque
MORHOUX: marsouins
MY: voir *par my*

NAGER: naviguer
NEIF: neige
NO (A): à la nage
NOZILLES: noisettes

O: avec

PAISLE: poêle, au sens d'outil de cuisine
PARMY: par le mitan, le milieu, à travers
PARSUS: ce qui est en sus, c'est-à-dire le reste
PARLEMENT: action de parlementer
PASSEVOLLAN: petite pièce d'artillerie
PATENOSTRE: chapelet
PEPEFIL: papefil. Se mettre à papefil et à la cape signifie ne garder que la grand-voile, bien bordée à l'arrière, afin de manœuvrer par vent contraire.
PERROY: gravier, pierre
PIPPES: larges futailles (environ 300 à 400 litres)
PLATEY: «plateau marin», c'est-à-dire haut fond plat et lisse
POSEE, POSSAIGE: mouillage
PRUCHE: dans les relations de Cartier, ce terme désigne probablement tous les conifères à aiguilles – à l'exception de la pruche proprement dite

Raiz: rayons (du soleil)
Reconser: coucher (en parlant d'un astre)
Recouvrir: recouvrer
Richars: macareux, variété de pingouin
Run (donner): conserver une distance
Rynet: brin

Sarraize, serraison: noirceur, obscurité
Saufveté: sûreté
Si: néanmoins, pourtant
Siller: naviger, parcourir
Sonme, somme, sonne: banc, situé juste au delà d'un port ou de l'embouchure d'un cours d'eau, formé de sable ou de pierres. D'où «poys sonme», pays bas.
Soulloir: avoir pour habitude de
Soustenue: force de se soutenir

Tant (à): à ce moment, sur ce
Tayguay, tanguay, tangnay: tangue, mot du nord-ouest de la France désignant un dépôt terreux et fertile se formant à l'embouchure des cours d'eau
Teurczé: torsadé
Touzer: tondre, raser. «Touser à réons» signifie donc «raser en rond»
Turtre: tourte

Wampum: ceintures ou colliers de coquillages

Yre: ire, colère; par extension «tempête, mauvais temps»

Table

Introduction 9

À propos de la présente édition 21
Première relation 25
Deuxième relation 55
Troisième relation 129
Lettres de Jacques Noël 141
Voyage de Roberval 145

Chronologie......................... 153
Glossaire 169

Achevé d'imprimer en juillet 2002, sur les presses du groupe Scabrini, pour le compte de LUX, éditeur à Montréal à l'enseigne d'un Chien d'Or dessiné par Robert La Palme.

Diffusion-distribution au Canada: Prologue
Tél. (450) 434-0306 – (800) 363-2864

Distribution en France: Les Belles Lettres
Tél. 01.44.39.84.20 – Fax. 01.45.44.92.88

Diffusion en France: Athélès
Tél.-Fax. 01.43-01.16.70

Imprimé au Québec